'80s GIRLY MAGAZINE AD COLLECTION

'80sガーリー雑誌広告コレクション

昭和的ガーリー文化研究所
ゆかしなもん・著

グラフィック社

はじめに

こんにちは！「昭和的ガーリー文化研究所」所長のゆかしなもんです☆ この本を見つけていただいて、ありがとうございます！
この本は、１９８０年代（一部、70年代や90年代も含む）の少女向け雑誌に載っていた広告を集めたものです。１９７５年生まれの私は、80年代の10年間、５歳から15歳という多感な年齢を過ごしてきました。「将来は雑誌記者になりたいなあ」なんて夢見ていたこともあったほど雑誌が好きで、自分の部屋には常に大好きな雑誌が山積み！「早く捨てなさい！」と母にいつも叱られていたどころか、いつしか勝手に捨てられていて大ゲンカになったこともあります。

　思い返せば、幼児向けの雑誌、小学生向けの学年誌、少女漫画雑誌、少年漫画雑誌、ティーン向けのライフスタイル誌、ファッション誌、アイドル情報誌、ラジオなどの音楽情報誌などなど……私の昭和ガーリーライフは常に雑誌とともにありました。それは私が特別なのではなく、きっと80年代を過ごした多くの女の子（アータたち！）も、私と同じように雑誌から情報を得て友達と共有したり、雑誌を通じて何かを発信したり、雑誌をきっかけに人生が変わったという経験が少なからずあるはずです。そんな愛すべき雑誌の内容

とともに思い出されるのは、裏表紙、もしくは合間に差し挟まれる様々な広告でした。今回は、ゆかしなもんのわがままで、私自身が思い入れのある広告だけを選んだために、当時のあらゆるジャンル、メーカーの広告を全て網羅しているわけではなく、偏っている部分も多いです。さらに、ほぼ私物の雑誌から広告を複写（撮影）しているため、ビジュアルに若干の経年劣化が見られますことを、あらかじめご了承いただければと思います。ごめんなさい！

広告を集めてみると、80年代の日本企業の、商品リリースやプロダクトデザインの壮大なる歴史の一部を垣間見ることができます。それに、ノスタルジックな昭和ガーリー感あふれる文字やキャッチコピー、デザインにイラスト……。広告はやはりアートなのだ、あらためて気づかされます。広告は世につれ、世は広告につれ……。当時の勢いあふれる80年代のガーリーな広告を見て、懐かしい商品を思い出したり、広告としてのアート性を発見したり、当時のワクワクした気持ちを思い出したり。この本を手に取った方に、いろいろな楽しみ方を見つけていただけたら嬉しく思います。

昭和的ガーリー文化研究所

ゆかしなもん

もくじ

はじめに 2
1. お菓子・その他食品 5
2. サンリオ 35
3. 文具・ファンシーグッズ・その他 75
4. コスメ・アメニティグッズ 123
5. ファッション 151
6. おもちゃ 171

Column 1 サンリオ商品広告の始まりとその時代 64
Column 2 80年代雑誌広告、魅惑のガーリー通販ワールド♡ 108
Column 3 雑誌広告といえば「日ペンの美子ちゃん」でした♡ 166

索引（掲載広告一覧） 217
'80sカルチャー年表 220
おわりに 223

1. SNACKS, FOOD

お菓子・その他食品

チョコにアイスにビスケット、それに、子ども向けおやつの定番、ソーセージに紅茶も！　目にも鮮やかな、楽しいお菓子＆食品系の広告を集めちゃいました♡ もうずっと食べていないのに、広告やパッケージを見るだけで懐かしいあの味の記憶が蘇ってくるのはなぜだろう。各社が工夫を凝らした、当時のかわゆい懸賞品やおまけにもご注目を☆

小さな愛を、そっとパッケージにとじこめました…
宝石箱のような グリコアーモンドチョコレート・ファンシー
チッチとサリーの"愛のしおり"をそえておくります
かわいい恋が芽ばえたあなたへの
小さな恋のメッセージです
Glico ALMOND CHOCOLATE Fancy
愛のしおりいり
グリコ アーモンド チョコレート
ファンシー
6粒100円
OPEN
チッチとサリー
愛のしおり
あなたが こんなに そばにいて なにも なにも
いつまでも 変わらぬ 愛を……
チッチ サリー
コスモスよ コスモスよ わたしの なつかしい 幼な友だちよ……
GLICO GOOD TASTE AND GOOD HEALTH
チッチとサリー 愛のしおりいり
香ばしいローストアーモンドいり
グリコ アーモンドチョコレート ファンシー
6粒 100円
新発売

本家の「アーモンドチョコレート」よりもミニマムで、「小さな恋のものがたり」バージョンのパッケージがなんとも愛らしい「ファンシー」。さらに、チッチとサリーのかわいい恋のイラストに、みつはしちかこ先生の手書き文字のぽえ夢（む）がしたためられた「愛のしおり」が封入♡ スクールガール時代の、甘ずっぱい小さな恋の思い出が蘇る…！

歌声さえる、さわやかキャンデー。
スカイミントでノドすっきり
たくさん歌ってもヘッチャラよ！
Chu！Chu！カレったら、
ミントの香りが
すてきだねって…
Glico
Sky Mints
DELICIOUS PEPPERMINT NOUGAT
グリコ スカイミント
スポーツのあと、
ノドはカラカラ。
お口にポイ！やさしいひと粒。
す〜っとひろがるミントの香り スカイミントは、
さわやかさいっぱいのキャンデーです。
歌の練習やデートのときに…。
声をたいせつにするアナタなら、忘れずポケットに。
ショルダーバッグにも
リュックサックにもなるヨ！
Skyfeeling
Skyfeeling
グリコ スカイミント
《キャンデー》 70円
スカイミントバッグが〈抽選で200名様に〉当るさわやかクイズ
問題 このページに小鳥が何羽いるでしょうか
応募方法 官製ハガキに答と、希望のバッグの色（赤または青）、郵便番号、住所、氏名、年令、性別、雑誌名を右のようにご記入のうえ、お送りください。
送り先 〒530-91 大阪中央郵便局私書箱1001号
「グリコスカイミントさわやかクイズ係」
しめきり 昭和55年5月31日
（当日消印有効）
抽選 6月上旬に正解者のなかから厳正な抽選を行い、当選者を決定します。
発表 6月中旬に景品の発送をもって発表にかえさせていただきます。
答え ○羽
希望色 ○色
住所
氏名
（フリガナ）
年令
雑誌名

「スカイミント」は、「歌声さえる、さわやかキャンデー」のコピーのとおり、ミントの香りがお口いっぱいに広がるソフトキャンデー！　ミントが強すぎることなく、実に絶妙な爽快感だったのデス。スカイブルーのパキッとしたパッケージに、純白のキャンデー。それに、水森亜土たんのキュートなイラストが見事にハマった素敵な広告♡

ファンシーな
ペア
ミルクカップ
プレゼント
おしゃれな、おしゃれな“いちごポッキー&ミルク„タイム
帽子をとってポッキー、ポン!
今日はとってもファンシーなおもてなし……
いちごポッキーとミルク。
おしゃれな食べかたをますます楽しくしちゃう
♡ミルクカップです。
抽せんで毎週毎週2,000名さまに当ります!
(総数12,000セット)
♥応募方法♥グリコいちごポッキーの箱上部をあけたところについているトランプマーク(右図参照)1枚を封筒に入れ、住所・郵便番号・氏名・年令を書いて下記までお送りください。抽せんで毎週2,000名さまにファンシーなミルクカップをペアでさしあげます。(6週間で12,000名さま)
★この部分を切りとって送ってください。
♥送りさき♥ 〒530-91 大阪中央郵便局私書箱1001号
グリコいちごポッキーC係
♥期間♥ 昭和55年11月17日(第1回締切日)～12月22日(最終回締切日・当日消印有効)の6週間
★景品の発送をもって発表にかえさせていただきます。
グリコ いちご ポッキー
80円
Glico
Pocky
Strawberry
80円
新サイズ

「いちごポッキー」という、世にもかわいくて幸せなお菓子というだけでもありがとうなのに、こんなファンシーなミルクカップが当たるなんて(しかもペア)、ときめきに死す! 本家「ポッキー」の「ポッキー・オン・ザ・ロック」はあまりにも有名だが、「いちごポッキー」にはミルクが合うというオシャレな提案に、あらためて胸キュン♡

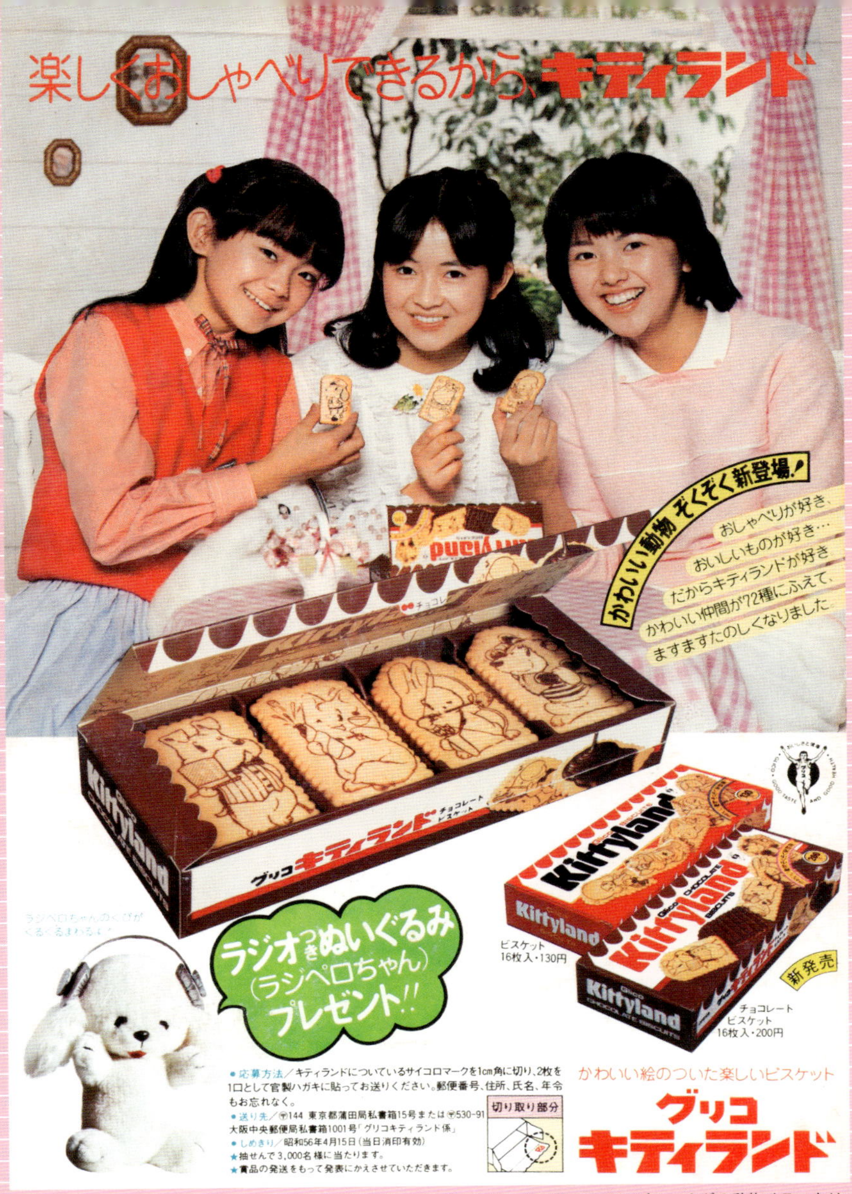
楽しくおしゃべりできるから、キティランド
かわいい動物ぞくぞく新登場！
おしゃべりが好き、
おいしいものが好き…
だからキティランドが好き
かわいい仲間が72種にふえて、
ますますたのしくなりました。
グリコ キティランド チョコレートビスケット
Kittyland
ビスケット
16枚入・130円
チョコレートビスケット
16枚入・200円
新発売
ラジペロちゃんのくびが
くるくるまわるよ
ラジオつきぬいぐるみ
（ラジペロちゃん）
プレゼント!!
●応募方法／キティランドについているサイコロマークを1cm角に切り、2枚を1口として官製ハガキに貼ってお送りください。郵便番号、住所、氏名、年令もお忘れなく。
●送り先／〒144 東京都蒲田局私書箱15号または〒530-91 大阪中央郵便局私書箱1001号「グリコキティランド係」
●しめきり／昭和56年4月15日（当日消印有効）
★抽せんで3,000名様に当たります。
★賞品の発送をもって発表にかえさせていただきます。
切り取り部分
かわいい絵のついた楽しいビスケット
グリコ
キティランド

昭和ガーリー世代にとって忘れ得ぬビスケット菓子「キティランド」。72種類もあるラブリーすぎる動物イラストは、食べるのがもったいなくて眺めているうちに、手にチョコレートがベットリ…ということもしばしば（私だけか）。懸賞品のラジオつきぬいぐるみ「ラジペロちゃん」の造型も秀逸！ 首がクルクルまわるのよ♫

恋知ル、セシル。
ほのかなカカオの香りの恋か
まろやかミルクの味する恋か
恋を知ったら
グリコのセシル
——赤と白
Glico CECiL MILK CHOCOLATE
Glico CECiL SEMI SWEET CHOCOLATE
赤箱・ミルクチョコ
白箱・セミスィートチョコ
グリコ セシル チョコレート 170円

スライド式の細長い紙のパッケージ。お花模様のホイル紙に包まれた、宝石のようにきれいなチョコレート！ 1974年に発売された「セシルチョコレート」は、甘い青春の味がした。「恋知ル、セシル。」の素敵な名コピー、堀ちえみちゃんのはにかんだ微笑み、赤い傘、セーラー服。全てのガーリー要素が心に深く刻まれる、素晴らしい広告！

Kanebo
感謝をこめて、100周年
100
ANNIVERSARY
そんなこと笑っちゃって言えない。
あっかんべ〜
永井 真理子
2月14日はみんなにあげよう
ハートのハンコ。
50の愛のメッセージ入り。
2月14日は聖バレンタインデー
カネボウのメッセージチョコで、
彼の心にスィート・タッチ!
チョコスナック
ハンコください LOVE
愛のメッセージをお持ちしています。
チョコレート菓子
気持ち届けます
200エン
ハンコください〈バレンタイン特製!〉
100エン
カネボウ食品

「ハンコください!!」は、チョコ部分が苗字や名前になっている判子風チョコスナックで、その種類は 500 ほどあったとか。そのアンサーお菓子として「お返事ください」があったりしたが、まさか「ハンコ〜」の LOVE バージョンがあったとは♡ モデルはこの年（1987 年）にデビューした永井真理子ちゃん！ ボーイッシュでかわいかった〜！

これは、おいしい新発明！
アラレちゃんがソーセージになりました！
ニッスイから
Dr.《ドクター》スランプ
アラレちゃん
ソーセージ
ウホホ〜〜〜イと
出たぞ〜〜い
ここを切りとる
おもしろシールつき
外はキルティング、中はキャンバス地
（ウラ・オモテ2通りに使えます）
女の子にも男の子にも楽しく使える、ゆかいな、ゆかいなバッグ！
新発売プレゼント
ほよよバッグ
いまなら当たる！
10,000名様！
3月7日から5月16日まで10週間。抽せんで毎週毎週1,000名様、合計10,000名様に当たる。
●応募のしかた
商品パッケージのおもての「スッパマン」(きりとり線の部分)をきりとり、2枚を1口にして、郵便番号、住所、お名前、お年、電話番号をお書きのうえ、封書で下のあて先へお送りください。おひとり、なん回でも応募できます。
●あて先
〒100-31 東京国際郵便局私書箱5090号
ニッスイ「アラレちゃん」係
●しめきり
毎週日曜日。火曜日抽せん。
最終しめきり＝昭和57年5月16日
（当日消印有効）
●発表
賞品の発送をもってかえさせていただきます。
ARALE
ニッスイ
©鳥山 明／集英社・フジテレビ・東映動画

人気者の「Dr.スランプ アラレちゃん」は、当時凄まじい数の関連商品が売られていたが、永遠のキッズ向けソウルフード・ニッスイの魚肉ソーセージにもなっていた☆ アラレちんと千兵衛さんがリバーシブルで楽しめる「ほよよバッグ」は今見ても欲しいデザイン！　パッケージの「スッパマン」部分を切り取って応募するというのが笑える〜！

お口にプチパイ、
お部屋にペンギン、ひろがった
へ～んしん、クッションが、
あっ！という間にペンギンカーペット。
これは、カーペットか？クッションか？
グリコプチパイのゆかいなゆかいなプレゼント。
petit pie
メタモルクッションプレゼント
（長さ155cm、幅125cm）
抽選で毎月2,000名様（合計6,000名様）にさしあげます
応募方法／グリコプチパイの箱についている応募マーク2枚をハガキに貼って、住所・氏名・年齢を書いてお送りください。
送り先／〒144 東京都蒲田局私書箱15号
または 〒530-91 大阪中央郵便局
私書箱1001号「グリコプチパイC係」
しめきり／第1回…58年9月30日
第2回…10月31日
第3回…11月30日
（当日消印有効）
当選発表／毎回厳正な抽選をおこない、しめきり後3週間以内の景品発送をもって発表にかえさせていただきます。
Glico
petit pie
ラズベリージャム
チョコレートクリーム
グリコ
プチパイ
150円

榊原郁恵ちゃんがCMをやっていた「プチパイ」はおしゃれなパイ菓子！　黄色いクッションを展開するとビッグなペンギンのカーペットになるという「メタモルクッション」は、当時の女の子の「マイルーム」への憧れをかき立てる、かなり気になるプレゼント品！　80年代初めごろ、ファンシー界で巻き起こったペンギンキャラブームの余波ともいえる。

11コのおでかけ小物が、セットになって当たっちゃう。
おしゃレディ11
イレブン
ニャンとかわいい!ニャンとうれしい!
プレゼント
●おさいふ
●救急バン
●さいほうセット
●くし
●ティッシュケース
●ポーチ
●ブラシ
●ハンカチ
●スタンドミラー
パッセル食べて、おしゃれっ子
●ネームタッグ
●ポシェット
抽選で毎月1,000名様に当ります。
(総計3,000名様)
応募方法
パッセルのパッケージの表についているマーク4枚を1口として、ハガキにセロハンテープではりつけ、住所・氏名・年令・電話番号・おしゃレディ11希望とお書きのうえご応募ください。
▼この部分をお送りください。
送り先
〒144 東京都蒲田局私書箱15号 または〒530-91 大阪中央郵便局私書箱1001号「江崎グリコパッセル」係
しめきり
第1回/昭和58年10月31日 第2回/昭和58年11月30日 第3回/昭和58年12月31日(当日消印有効)
当選発表
応募者の中から毎月厳正な抽選をおこない、1カ月以内の景品の発送をもって発表にかえさせていただきます。
Glico CHOCOLATE SNACK
PASSEL
グリコ パッセル
チョコレートスナック
グリコ パッセル
《チョコレートスナック》 新価格50円

チョコ＆ウエハースのスナック菓子「パッセル」の懸賞品、その名も「おしゃレディ 11（イレブン）」！ 考え抜かれた 11 種類のおでかけ小物セットはまさに完璧♡ 赤＆白のカラーリングに、ピンク色のお耳のネコモチーフは昭和ガーリーの極みというもの。特におさいふ、ポーチ、ポシェットの 3 段インパクトで少女の心をわしづかみに！

Meiji
夢みるツインクルプレゼント
明治のツインクルチョコで
かわいい《ツインクル》の
人形をもらっちゃおう
ステキなカン入りヨ！
Twinkle
Welcome to my world.
Let's enjoy the fantastic time.
たまごの中はおいしさいろいろ
ツインクルチョコの包み紙５枚を送ってネ！
抽せんで 毎月毎月2,000名さまに
かわいいツインクル人形をプレゼント!!
プレゼント期間 昭和58年10月から昭和59年４月末日まで。
毎月末日が〆切りとなります。
応募方法 チョコレートの包み紙(銀紙)5枚を1口として同封し、住所・氏名・
年令をお書きのうえご応募ください。何口でも結構です。
(ただし、封筒1枚につき1口です。)
あて先 〒104-91　東京都中央区京橋局区内私書箱1号
明治製菓　「ツインクルプレゼント」係
発表 景品の発送をもって発表にかえさせていただきます。
(毎月末〆切り、翌月第1週抽せん、第2週発送となります。)
中味も新しくなって、いっそうたのしくなりました。
明治製菓

♫ツインクル、ツインクルチョコレート、お星さまのたまご～♫ 1980年の「ツインクルチョコレート」の登場は、まさにお菓子界の革命だった。カラフルかつメタリックな包み紙のたまごを割ると、中から小さなお菓子が出てくるという魔法！　星の国の妖精・ツインクルちゃんの人形がかわいすぎる。ちなみにうさぎさんはラビちゃんという名前☆

恋は乙女の必修科目。
カネボウのバレンタイン集中講座
2月14日 恋の時間割
I
ひと 見た瞬間に、運命を信じたのダ！
大本命に。
♡ラブリーコール（大）（"恋の鈴"付）
200円
II
胸につけてね、
見栄晴くんに。
♡ラブリーバッジ
120円
III
だまって を借してくれたシャイなアイツに。
JUST YOU
♡ファンシーケース
300円
IV
採点甘く、おまけにハンサム。憧れの先生に
を進呈。
♡ラブリーコール（小） 50円
V
パパもこの際
面倒みよう。
LOVE IN TUBE
♡ラブ イン チューブ
150円（"恋の鈴"付）
多感な年頃、
しめて820円也。
おいしさゆたかに
カネボウ食品
高品質 本格派

時間割ふうのデザイン、手書き文字が昭和ガーリーな広告。今も昔も「バレンタイン」は乙女の一大イベント、「恋は乙女の必修科目」ですから！　本命用、2番手（？）、義理チョコなどバラエティに富んだラインナップが楽しい。チョコのデザインも、80年代らしいポップさ♡ よりカジュアルにチョコを渡す文化が花開いた時代だった。

カネボウチョコレートで当たる!!
森のデン・ゴン・ドンプレゼント
連続8週　総計4,000名様　毎週毎週500名様
250円分以上を
1口として応募してネ!
ボクたちが君の
ことばを伝えるヨ!
伝言できるかわいい
ぬいぐるみの遊び方
録音のしかた
胸のつまみをロクオンにして、ヒモをひっぱり、そのヒモがもどるまでの18秒間録音できます。
あのネ!
再生のしかた
胸のつまみをサイセイにして、ヒモをひっぱるとメッセージをお話しします。
あのネ!
伝言のほか、声のあてっこゲームなんかもできるよ!
どんどん
当たるヨ!!
あした
あそぼ!!
りすの「デン」
きつねの「ゴン」
あらいぐまの「ドン」
実施方法　●期間：昭和61年9月5日㊎（第1回締切）〜10月24日㊎（当日消印有効）
●応募方法：カネボウチョコレートのパッケージの表側にある商品名を切り取り、250円分以上を１口として封筒に入れ、住所、氏名、年令、電話番号、保護者名を明記の上、ご応募下さい。
（３つのぬいぐるみのうち、どれが当たるかは、こちらで決めさせて頂きます。）
＊ハンコくださいは表側にある Kanebo マークもいっしょに切り取り、ご応募下さい。
●送り先：〒163 東京都新宿郵便局留
カネボウ「森のデン・ゴン・ドン」プレゼント係
この部分を送って下さい。
Kanebo
森のさがしっぽ、ナッツブチョコは上記の図の部分でご応募下さい。
チビッ子達へ——カネボウのおもしろチョコ勢ぞろい。
100円 ハンコください
ハンコの形のスナックチョコ。ハンコは全部で324種類。
新発売
100円 チョコラザウルス
かわいい恐竜のカタチをした立体チョコ。（ピーナッツ入り）
新発売
50円 タコぞろぞろ
ゆかいな表情のタコが8匹、ポキッとおいしいスナックチョコ。
150円 お祭りポン太
いろいろな表情をしたタヌキのスナックチョコ。（ピーナッツ入り）
新発売
150円 そっ栗っ子
（地区限定商品）
新発売
100円 森のさがしっぽ
（地区限定商品）
新発売
50円 金魚屋トラ
新発売
100円 ナッツブチョコ
お・い・し・さ・ゆ・た・か・に
カネボウ食品
高品質 本格派

人と会話ができるぬいぐるみも登場した現代では、伝言機能付きのぬいぐるみなど珍しくもないが、当時は結構な衝撃だった（少なくとも小学生の私にとっては）！ 胸のつまみをオンにしてヒモを引っ張り、ヒモが戻るまでの 18 秒間録音できるというアナログ感もラブリー♫ カネボウ食品（現 クラシエフーズ）が誇る、おもしろチョコのラインナップにも涙。

ハートも、おいしい。
Tohato
おいしいキューティーキャットがとびだした!
100円
かわいいマスコットをあつめちゃお!
東鳩《とうはと》のキューティーキャットは、1箱《はこ》で2倍《ばい》うれしいビスケット。かわいいイラストがついたビスケットは、サクサクッとおいしいし、おまけのマスコットは、ちっちゃくてかわいいの／マスコットのキューティーキャットは全部《ぜんぶ》で12種類《しゅるい》、すべり台《だい》や木馬《もくば》など10種類《しゅるい》のキューティーグッズもついてるよ／みんな集《あつ》めて楽《たの》しい世界《せかい》をつくってネ／
このマスコットは、㈱トミーのキューティーキャットと同じキャラクターですが、マグネットは入っておりませんのでご了承ください。
Tohato
キューティーキャット
Cutey Cats
新発売 100円《えん》
キューティーキャット
©TOMY CUTEY CATS
Cutey Cats
プリントビスケット
東鳩製薬
キューティーキャット
ネコちゃん
イラストコンテスト
©TOMY CUTEY CATS
ネコちゃんのイラスト大募集!
自分の飼ってるネコ、身近にいるネコ、空想の中のネコなど、ネコちゃんの絵を自由に描いて送って下さい。ちびにゃんね先生の厳選なる審査によって、いろんな賞とステキな賞品がもらえます。
くわしくは、本誌「ぴょんぴょん」P.310を読んでね!
●お問い合わせ先●㈱トミー「キューティーキャットイラストコンテスト係」 TEL.03-693-1031

動物系ビスケットは昭和ガールズ必食のスイーツと言えるが、こちらはトミー（現 タカラトミー）から発売されていたネコのマスコット玩具シリーズ「キューティーキャット」とのWネーム。約1cmほどの小さいネコたんを中心とした超ミニマムな世界観にハマる女子が続出した。なぜ私たちはかくも小さきモノに心惹かれ、虜になるのだろう。

あなたのアイディアが、キャンディに！
あなたのオリジナルキャンディを作りませんか、パッケージ(イラスト)・ネーミング・キャンディの味や形など かわいいアイディアには、プレゼントを用意して、お待ちしてまーす！
アイディア
大募集
キャンディの味や形
ネーミング
イラスト
Candy
キャンディ
あなたのアイディアが
キャンディになって
全国のお店に
ならんじゃうなんて
スッゴイでしょー！
©上田三根子・講談社
●キャンディ大賞(1名)
CD付Wリバース、ラジカセ
＋キャンディいろいろ1年分
●キャンディ優秀賞(10名)
上田三根子オリジナルトレーナー
＋キャンディいろいろ1ヶ月分
●キャンディ賞(100名)
キャンディオリジナルテレホンカード
＋キャンディ
■応募方法
官製ハガキに、住所・氏名・年齢・電話番号を明記のうえ下記の要領で応募してください。
(例)
ネーミング
Heartキャンディ
キャンディの味
オレンジ味
ハートの形のキャンディ
キャンディの形
イラスト
540
大阪市東区神崎町1番地
味覚糖《みかくとう》株式会社
「キャンディー係」
住所 氏名
年齢 TEL
※大賞・優秀賞は、キャンディ誌上にて発表します。
さわやかフルーティな味わいで新登場
Mikakuto
Fresh TINO SHOWER CANDY
TASTE OF SWEET CANDY BRINGS A PLEASURE
ティノピンクグレープフルーツ
Mikakuto
Fresh TINO PURE CANDY
TASTE OF SWEET CANDY BRINGS A PLEASURE
ティノアップル
Mikakuto
Fresh TINO SOUR CANDY
TASTE OF SWEET CANDY BRINGS A PLEASURE
ティノレモン
フレッシュ
フルーツキャンディ
¥100
TINO
for sweet time
味覚糖 株式会社
〒540 大阪市東区神崎町1番地

その昔、上田三根子先生のイラストを前面にフィーチャーした「Candy」（1987 年創刊／講談社）というマボロシのティーン雑誌があった。味覚糖とのタッグによる、読者のアイディアがキャンディになるというドリーミィな企画♡ イラストにあるような雑誌名そのままの袋入りキャンディも発売になってて、すごくかわいかったんだ〜。

AJINOMOTO.
MARINA
Special Package!
今なら、かわいい「まりな」のイラスト入り容器。
「まりなファミリーステッカー」も入ってます。
マリーナ
450g
MARINA
朝ごパン、おいしいぞ。

80年代のマーガリン市場といえば「ネオソフト」、「ラーマ」に、「まあるい口あたり」の「マリーナ」！「マリーナ」は1971年に味の素社から発売され、人気を博した（93年終売）。こちらはOSAMU GOODSでおなじみの原田治先生が手がけた「まりなちゃん」のスペシャルパッケージ♫ まりなちゃんの他に「だいすけくん」も存在した。

Eskimo
エスキモー
新発売
講談社なかよしの
ちゃめっこクラブ
ちゃめキャラのグミキャンデー入りだヨン
箱の内側を見てネ
ストロベリー3本
パインアップル3本
6本入り300円
種類別 氷菓
©なかよし
ラッキーな箱に入ってるョ!
ちゃめキャラテレホンカード
計10,000枚か
ちゃめキャラシール
OISHI~
●ストロベリー3本
●パインアップル3本
今なら当るゾ!
ちゃめキャラ テレホンカードが
合計10,000枚
★ラッキーな箱にはどれかが入ってるのダ!
CHAMEKKO CLUB
ちゃめっこクラブ
★ちょっとラッキーな箱にはちゃめキャラシールが入ってるョ
6種類あるョ
エスキモーアイスクリーム
●エスキモーの製品は世界のユニリーバ各社との提携により作られております。

超名門少女漫画雑誌「なかよし」（講談社）の熱き読者投稿コーナーといえば「ちゃめっこクラブ」☆ そのイラストを85年～98年頃という長きにわたり担当していたのが、片岡みちる先生。片岡てんて～独特のかわゆいイラストのパッケージにもときめくし、グミキャンデー入りアイスという芸の細かさ♡ 当たりにはテレカが同封されているのも、時代だよね。

日本水産株式会社
シーフードNOW
とんがり帽子のメモル
ソーセージ
新発売《しんはつばい》
とんがり帽子のメモル
ソーセージ
4本入
ニッスイ
かわいいメモルが、おいしいソーセージになりました。
さらに、かわいい「メモル・プリティペンダント」プレゼント中《ちゅう》！
楽《たの》しいシールがついている……
楽《たの》しさ、いっぱいの
「メルヘンシール」がついてます！
▲ひと箱《はこ》に1枚《まい》。
全部《ぜんぶ》で10種類《しゅるい》。もれなくついてるのよ！
いますぐもらってオシャレさんに
変身《へんしん》しよう！
七宝風《しっぽうふう》のとってもオシャレなペンダント、
それが「メモル・プリティペンダント」よ。
もらい方《かた》はカンタン。メルヘンシールの
「レインボークーポン」を6点《てん》あつめて
「虹《にじ》」を完成《かんせい》させて送《おく》ってね。
もれなくプレゼントするわよ！
はやくもらって
みんなに差《さ》をつけちゃおう！
ここへ送《おく》ってね！
〒174 東京《とうきょう》板橋《いたばし》北《きた》郵便局《ゆうびんきょく》私書箱《ししょばこ》33号《ごう》
ニッスイ・メモル係《がかり》
●くわしい応募方法《おうぼほうほう》は
「とんがり帽子《ぼうし》のメモルソーセージ」の
パッケージの内側《うちがわ》をみてね。
ニッスイ

「子ども向けアニメ×魚肉ソーセージ×ニッスイ＝ソウルフード!!」、と言ってももはや過言ではないだろう。それぐらい、キャラソーセージは昔から子どもたちのおやつの定番♫ ソーセージをかじりながら、おまけのシールをチェックするのが至福の時間だった。「とんがり帽子のメモル」はサブキャラも全部かわいいから、シールが捨てられなかったよね。

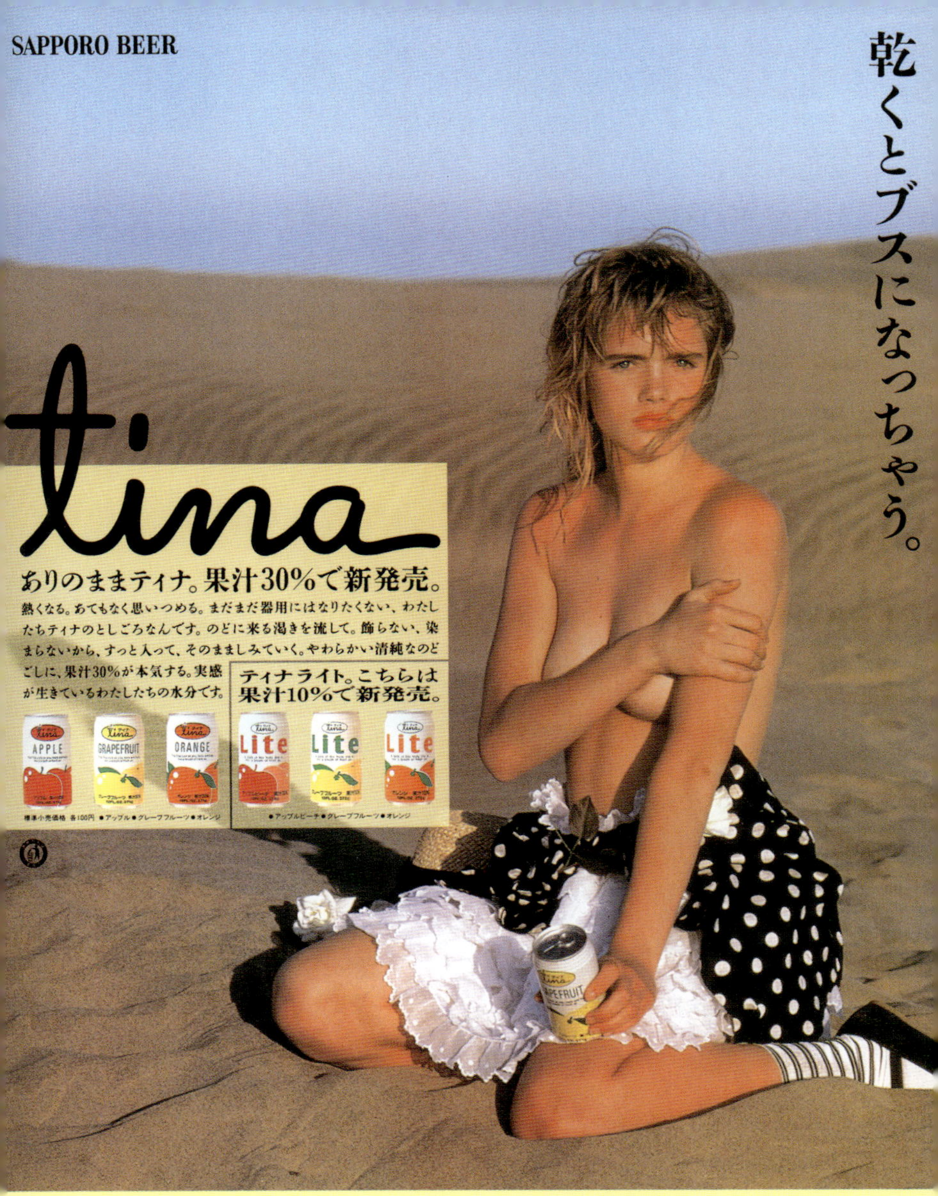
SAPPORO BEER
乾くとブスになっちゃう。
tina
ありのままティナ。果汁30%で新発売。
熱くなる。あてもなく思いつめる。まだまだ器用にはなりたくない、わたしたちティナのとしごろなんです。のどに来る渇きを流して。飾らない、染まらないから、すっと入って、そのまましみていく。やわらかい清純なのどごしに、果汁30%が本気する。実感が生きているわたしたちの水分です。
APPLE
GRAPEFRUIT
ORANGE
標準小売価格 各100円 ●アップル●グレープフルーツ●オレンジ
ティナライト。こちらは果汁10%で新発売。
Lite
Lite
Lite
●アップルピーチ●グレープフルーツ●オレンジ

「乾くとブスになっちゃう。」という衝撃的なキャッチコピー、砂漠に上半身ハダカの美女の悩ましげな眼差し（しかも、キワどいアングル）！ ある意味、非常に 80 年代らしい攻めた広告！「ティナ」は、80 年代後半にアメリカから期間限定で輸入されていた果汁飲料。ハダカに目が行きがちだけど、ドット×レーシィな衣装もかわいくて好き♡

ヤンヤンで当たる!
明治 ヤンヤン
ヤン吉
プレゼント
ゆかいなあやつりモンキー
キャッと鳴くよ
キャッと笑うよ
キャッと踊るよ
これが自慢のあやつり棒。
この棒を使って、まるで生きているように動かせるぞ。
明治ヤンヤンで毎月2,000名、合計10,000名さまに当たります!
パッケージ上ぶたの応募マーク1枚を、官製はがきに貼ってご応募ください。
プレゼント期間
昭和59年3月から7月末日まで。
毎月、末日が〆切りとなります。
応募方法
パッケージ上ぶたについている応募マーク1枚を1口として、官製はがきにセロハンテープで貼り、住所・氏名・年令をお書きのうえご応募ください。何口でも結構です。(ただし、はがき1枚につき1口です)
あて先
〒104-91 東京都中央区京橋局内私書箱1号
明治製菓「ヤン吉・プレゼント」係
発表
景品の発送をもって発表にかえさせていただきます。(毎月末〆切り、翌月第1週抽せん、第2週発送となります)
Meiji
Yan Yan
Choco Snack
新発売
いちごヨーグルトあじ
明治製菓

1979年から発売されている「ヤンヤン」は、現在パンダの絵柄の「ヤンヤンつけボー」という名前で変わらず愛されているが、80年代はヤン吉というサルがキャラクターだった。プレゼント品はトミー製の精巧なヤン吉くんのあやつり人形！　棒を使ってまるで生きているように動かせる。アラレちゃん眼鏡の斉藤ゆう子(現・祐子)も懐かしい。

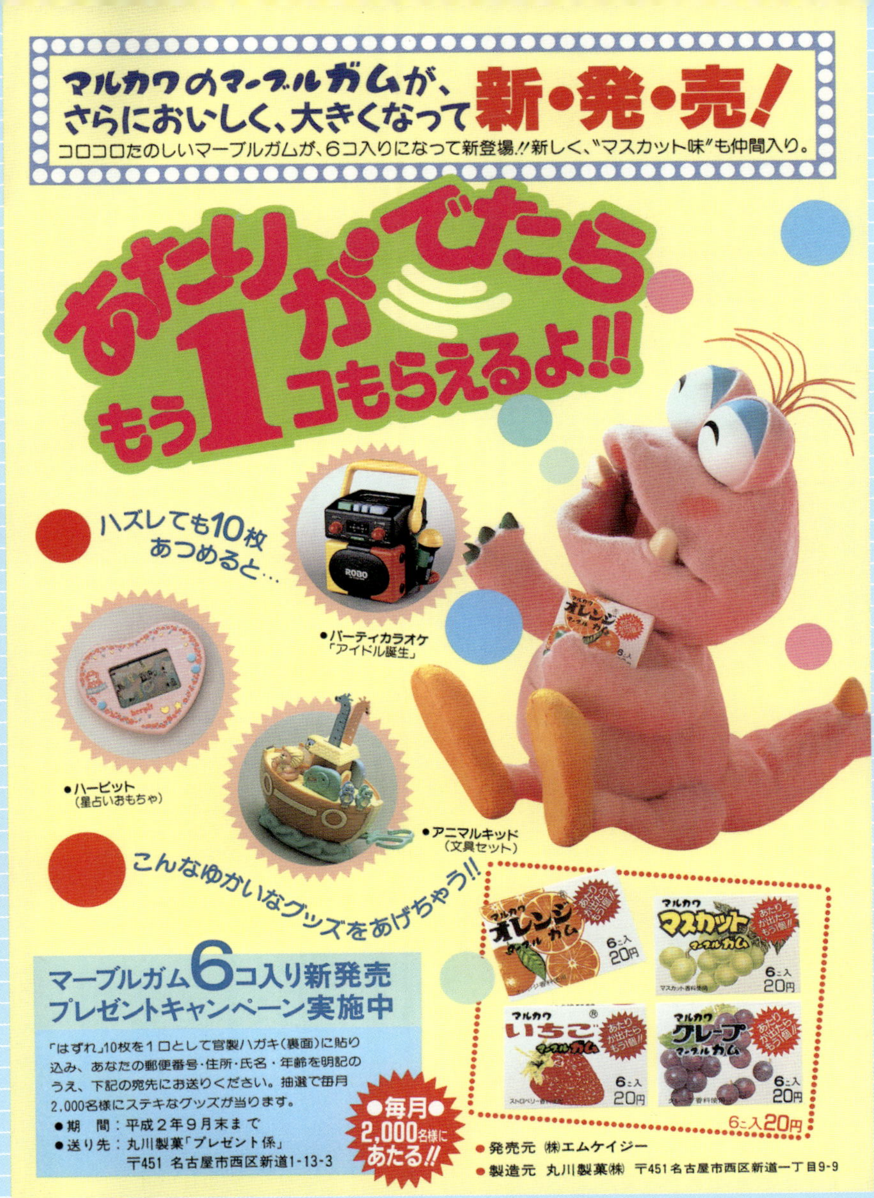
マルカワのマーブルガムが、
さらにおいしく、大きくなって新・発・売！
コロコロたのしいマーブルガムが、6コ入りになって新登場!!新しく、〝マスカット味〟も仲間入り。
あたりがでたらもう1コもらえるよ!!
ハズレても10枚あつめると…
●パーティカラオケ
「アイドル誕生」
●ハーピット
（星占いおもちゃ）
●アニマルキッド
（文具セット）
こんなゆかいなグッズをあげちゃう!!
マーブルガム6コ入り新発売
プレゼントキャンペーン実施中
「はずれ」10枚を1口として官製ハガキ（裏面）に貼り込み、あなたの郵便番号・住所・氏名・年齢を明記のうえ、下記の宛先にお送りください。抽選で毎月2,000名様にステキなグッズが当ります。
●期　間：平成2年9月末まで
●送り先：丸川製菓「プレゼント係」
〒451 名古屋市西区新道1-13-3
●毎月●
2,000名様にあたる!!
マルカワ
オレンジ
マーブルガム
6こ入
20円
マルカワ
マスカット
マーブルガム
6こ入
20円
マルカワ
いちご
マーブルガム
6こ入
20円
マルカワ
グレープ
マーブルガム
6こ入
20円
6こ入20円
●発売元 ㈱エムケイジー
●製造元 丸川製菓㈱ 〒451名古屋市西区新道一丁目9-9

そろばん塾の帰り道、いつもタバコ屋さんでフィリックスガムとマーブルガムを買っていた私にとって、マーブルガムの6コ入りの登場はまさに「奇跡」だった。4コ入りを一気に食べるため、いつももの足りなかったからだ。マルカワといえば「あたりつき」だが、「はずれ」10枚でも応募できるというプレゼント品が時代を象徴していて泣ける。

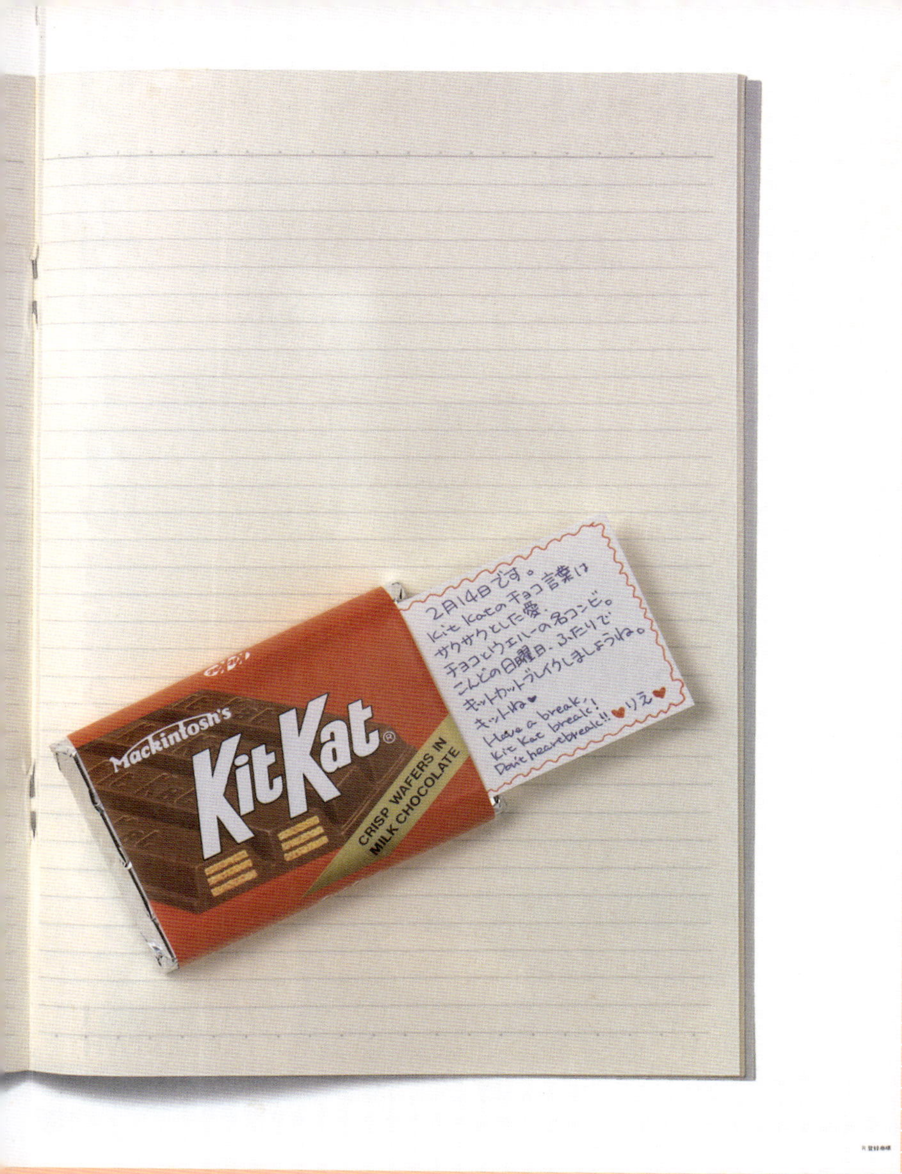
Mackintosh's
KitKat®
CRISP WAFERS IN MILK CHOCOLATE
2月14日です。
Kit Katのチョコ言葉は
サクサクとした愛.
チョコとウエハーの名コンビ。
こんどの日曜日.ふたりで
キットカットブレイクしましょうね。
キットね♥
Have a break,
Kit Kat break!
Don't heartbreak!! ♥りえ♥

真っ白なノートの上に象徴的に置かれた、真っ赤な「キットカット」。よく見ると、メッセージカードが！　バレンタイン向けの広告なのに派手なデザインではなく、あえてノートの白地と女のコの手書き文字のカードを活かし、誰しもが自分のスクールデイズを想起してしまうという技アリな広告。「Have a break…」の英語もカッチョいい!!

Nestlé Mackintosh

今、なぜか?パンプキンいり
パンプキンギャルのCooking
(パンプキンゼリー)
あったかいお部屋で、クールダウンするデザート。カボチャは皮と種をとって蒸し、裏ごしします。寒天、砂糖、と一緒に混ぜ合わせたら、ゼリー型へ。アダルトなエッセンスにブランデー入り生クリームを添えて、ぷるんとできあがり。
パンプキンゼミの教室はこちらです。
ナッチェル娘なら、ビスケットの語源くらい知っておこうね。ラテン語のビスコクトウム・パネムだって!日本に来たのは16世紀、ポルトガル語のビスコウトからビスカウト、ビスコイそしてビスケットになりましたとさ。日本語では乾蒸餅と書くから、パンプキンいりナッチェルは、南瓜入乾蒸餅ってことね。
Do ski!ゲレンデでパチンとナッチェルの音がする。
北風を感じたらスキーシーズン!時間を忘れて滑れば、おなかもキューン。だから、つれてってね、パンプキンナッチェル。2パックタイプだから半分こずつポッケに入れるとかさばらない、よい子です。この冬はゲレンデにサクサク、パチンの音がこだましそう。
パチン!パンプキンいり
Glico
Natchel
小麦胚芽いりビスケット
パンプキンいり
100円
興奮サクサク、ゲームウォッチング。
冬のスポーツ観戦、パンプキンギャルなら、ヘビーデューティに身をかためてエキサイト。ホットドリンクによく合うシンプルスナックのナッチェルあればまたまたエキサイト。パチンとイージー・オープンの箱だから、ゲームウォッチングには、言うことなしのおりこうサン。
お便り沢山ありがとう。
「ナッチェルを噛みくだくあの瞬間の香ばしさがなんとも言えないんです。」
(福島・鈴木さん)
「飲み物は一ぜったいにMILK!お砂糖なしのが最高です」
(盛岡・赤坂さん)
などなど。皆さんにファンシー定期入れお送りしました。
グリコ ナッチェル 100円
セブンティーンノートプレゼント!! 毎回1,000名様に抽選でさしあげます。
応募方法 ナッチェルの下ブタについているサイコロマーク1枚と応募券1枚をハガキに貼ってお送りください。住所・氏名・年令・電話番号をお忘れなく。●送り先:〒530-91 大阪中央郵便局私書箱1001号 グリコナッチェル係
●第1回しめきり:昭和57年12月31日(当日消印有効)
●発表:しめきり後抽選のうえ、1ケ月以内に賞品の発送をもって発表にかえさせていただきます。
この部分を切り取ってお送り下さい。
セブンティーン応募券 ①

香ばしい小麦胚芽入りビスケットでクリームをサンドした「ナッチェル」。例えて言うなら「ビスコ」の高級版かな?冬のスキー場やスポーツ観戦のお供としてオススメしていたり、パンプキン入りでヘルシーさをアピールしているあたり、さすがティーン向け雑誌の広告。ポップなイラストとやたら多用されるカタカナ語が味わい深い。

アーモンドグリコの中箱に
あさりちゃんの こすりん ゲームがついたよ
エンピツでこするとあ〜らふしぎ…ゆかいなゲームになるよ。さぁ、きみも、ともだちといっしょに遊《あそ》ぼう!
あらしも登場《とうじょう》!
それぞれいろんな種類《しゅるい》のゲームがあるよ。
つつみ紙《かみ》にかくれていることばを見《み》つけよう!
やっとタタミにかったぞ
つつみ紙には、あさりちゃん、ゲームセンターあらしの「ことばさがし」がついています。10まいを順番《じゅんばん》につないで、かくれていることばをさがしてネ。
アーモンドグリコ 60円
©室山/小学館・テレビ朝日・東映動画
©すがやみつる・小学館・NTV

懐かし〜っ☆ アーモンドのクラッシュが練りこまれたキャラメル「アーモンドグリコ」の「あさりちゃん」コラボ版だ！　箱や包み紙にいたるまでギミックが満載で、お菓子を食べながらえんぴつでパッケージをこすってた記憶が蘇る。男子向けには伝説のゲーム漫画「ゲームセンターあらし」というアツさ！ 小学生パワー全開☆

MORINAGA
Sylvanian families
ウエディング・セット （結婚式の背景つき）
今日は、きつねさんカップルの結婚式です。
コチコチの花むこさん。
ハラハラの花よめさん。
幸わせになって
くださいね。
ほらほら、ステキなニュースです。
新発売のシルバニアファミリーチョコに
入ってる、カードをゴシゴシ
スクラッチしてみましょう。
「3点」なら当り、「1点」なら3枚集めて
送ってくださいね。かわいい動物たちの
笑顔が、とってもメルヘン！
シルバニアファミリーのオリジナル・
セットがもらえますよ。
応募方法● 森永チョコレートシルバニアファミリーに入っている〈スクラッチカード〉の合計点数「3点」を1口として、ハガキに貼りお送りください。 あなたの住所・氏名・年齢・電話番号をお忘れなく。
送り先● 〒105-91 東京芝局私書箱44号
森永「シルバニアファミリー・プレゼント」係
しめ切り●昭和62年9月30日(水)当日消印有効
※セットの選定は当方におまかせください。
♥♥♥♥♥♥♥♥♥♥シルバニア・ファンのみなさんへ♥♥♥♥♥♥♥♥♥♥
森永チョコレート シルバニアファミリーで
シルバニアファミリーの
オリジナルセットをプレゼント
オルゴール・セット
シルバニアの丘にステージが立ちました。
今日は、野外パーティです。オルゴールの音に合わせて、クルクルダンス！
シルバニアファミリーの
かわいいカードが入っています。
スクラッチして、ステキな
セットを当てましょう。
Sylvanian families
新発売
森永チョコレート
シルバニアファミリー
100円
森永製菓株式会社
©1986 EPOCH CO.,LTD.

1985年に誕生した森の動物たちのドールハウス「シルバニアファミリー」は、ガールズトイ界に一大旋風を巻き起こす。その翌年に発売されたチョコレートの懸賞品ではレアなセットがもらえた。「ウエディング・セット」はきつねさんのカップル、「オルゴール・セット」は音楽に合わせてグレークマちゃんがクルクル回るの♡

31derful World
for Ice Cream Lovers
おいしさいろいろ、楽しくいろいろ———サーティワンダフル ワールド
世界中の"アイスクリームが本当に好き!"という人々に愛され・選ばれているサーティワンアイスクリーム。
500種類以上のフレーバーの中から季節に合わせ、いつも31種類、高品質のアイスクリームをラインアップ。
アイスクリーム専門店ならではのおいしさいろいろ、楽しみ方もいろいろ。
ひと味ちがうワンダフルなサーティワン、サーティワンダフル ワールド——アイスクリームの本当の魅力を
あなたのお口に伝えます。
'86 SPRING FAIR
クッション&クッション プレゼント
4/1(火) ~4/30(水)
サーティワンオリジナルのサンデークッション又はダブルコーンクッションが抽選で
全店合計5,000名様に当たる'86スプリングフェア。
詳しくは、もよりのサーティワンアイスクリームストアーでお気軽におたずねください。
サーティワン アイスクリームストアー
B-R サーティワン アイスクリーム株式会社
本社／東京都品川区上大崎2-13-38三樹ビル〒141 TEL.(03)449-0331
関西営業所／TEL.(078)821-8131 名古屋営業所／TEL.(052)581-1931
フランチャイズ加盟店募集中
サーティワンアイスクリームストアーは北海道地区5店・東北地区10店・東京地区90店・首都圏地区77店・東海甲信越地区18店・中京地区20店・関西地区59店・中国地区6店・九州地区10店・沖縄地区3店です。

懐かしい「31」のマークにドット柄の容器♡「サーティワン アイスクリーム」は、1974年に日本第1号店（目黒）がオープン。80年代中ごろ、私の地元にあった「サーティワン」で、チョコレートミントアイスクリームに出会ったときの感動といったら！ゆかしなもん10歳、アメリカの文化の風を初めて感じた瞬間だった。フェアでもらえるオリジナルクッションのかわゆさも完璧！

いま《シャンテオー・レ》を
つつむ、新しい愛の世界。
夢みるあなたに
贈ります……
愛のテーマがまたひとつ……
シャンテオー・レの
"愛のパッケージ"にかわいい
ファンシーイラストが仲間いり。
よりファンシーに
フレッシュアップしました。
さあ、愛のパッケージを開けて、
銀色につつまれたソフトキャンデーを……
よりまろやかに生れ変った、
ミルク風味をおたのしみください。
里中満智子
〈作品集〉より
太刀掛秀子
〈まりのきみの声が〉より
陸奥A子
〈作品集〉より
あさぎり夕
〈きらら星の大予言〉より
ミルク味のソフトキャンデー
グリコ
シャンテオー・レ
12粒100円
ファンシーな装いでペアーチーフが
新しくなりました………
グリコシャンテオー・レ「ファンシーペアーチーフ」プレゼント
ご好評におこたえして実施中です
「グリコシャンテオー・レの小さい方の外箱1枚」と
「切手400円分」を下記までお送り下さい。
あさぎり夕、里中満智子、太刀掛秀子、陸奥A子先生の作品をデザインした
ハンカチーフ(40×40cm、ローン生地2枚を1セット)をもれなくプレゼント。
※ハンカチーフには4人の先生の作品が一面にデザインされています。
各先生ごとの作品でデザインされたものではありません。
※この広告面以外に、パッケージの中箱にも応募方法を表示しています。
ここをお送りください
〈送り先〉〒530-91　大阪中央郵便局私書箱1001号
江崎グリコ㈱「ファンシーペアーチーフ」プレゼント係
〈応募締切日〉昭和55年12月31日まで(当日消印有効)

ミルク味のソフトキャンデー、その名もエレガントな「シャンテオー・レ」は人気少女漫画家が描く「愛のパッケージ」シリーズが人気だった♡ このときはあさぎり夕、里中満智子、太刀掛秀子、陸奥Ａ子という豪華布陣。オリジナルのペアーチーフはなんと全員プレゼンツという太っ腹！ この時代はファンシー×少女漫画×お菓子の親和性が見事だったよなあ。

Dunkin' Tiny Bubbles
ULTRA CHIBIKUN
©SUZY AMAKANE
CAROL, MAMANO OTOMODACHI GA ASOBI NIKITANO. CHIBI-KUNTO ASONDE AGETE.
OK! MAMA
1
YATTAA! MAMAKARA MORATTA OKOZUKAIDE, WATASHI GA TANO SHINJAOHTTO!
YOSHI, YUUENCHI NI IKOUKA!
2
KYAAA
3
SHUTTLE ULTRA LOOP
20 REVOLUTION
UWAAA! ARE, NORITA KATTANDA!
BO, BO KUMO…
GYAAAAAA
4
YUKAI, YUKAI
ME, MEGA MAWARUU…
ONEECHAN ONAKASUITA! DUNKIN' DONUTS TABE YOUYO!
5
DUNKIN' DONUTS
HANII DIPPU GA FURENCHI KURUURAANI MIERUYOO!
ONEECHAN HAI. HANII-DIPPU!
END
何か楽しいことないかなー、
という人のダンキンドーナツ。
元気の国、アメリカ発。いまやティーンの間で、おいしいドーナツといえば、ダンキンドーナツのこと。サクッとやさしい甘さは、女の子のハートをあたたかく包んでしまいます。心で焼きあげたハンドメイドのフレッシュドーナツ、ダンキンドーナツです。
DUNKIN' DONUTS
1950年、ボストン生まれのドーナツ。
DUNKIN' DONUTS

アメリカ発のドーナツチェーン店、「ダンキンドーナツ」。日本では1970年に初の海外店舗としてオープンして多くのファンに愛されたが、残念ながら98年に撤退してしまった。でも、あのおなじみのポップなロゴは忘れ得ぬかわいさだし、スージー甘金氏のコミック風イラストが楽しい広告！ もう一度食べたい、ダンキンドーナツ！

忍者
ハットリくんの紅《こう》茶《ちゃ》が新《しん》登《とう》場《じょう》
おまけつき
「忍者ハットリくん」などのマスコット人形がもれなくついているのでござる。
©藤子・小学館・テレビ朝日
日東紅茶
忍者ハットリくん
●ティーバッグ/6袋入
NET.10.8g
おまけつき
ハットリくんのひみつ大百科ものっている!!
TEA BAG
オヤツには紅《こう》茶《ちゃ》!でござる。
みんな、しっかりお勉強《べんきょう》してるかな。
みんな、しっかりあそんでるかな。
うんとガンバッたあとはオヤツの時間《じかん》。
ハットリくんの紅茶《こうちゃ》でたのしいネ。
こんな可愛いテレビマンガ「忍者ハットリ君」の紅茶が新登場。お母さま方、お子様とご一緒に、紅茶をのみながら、学校での出来事などを話し合うのも、親と子のフレ合いが楽しい雰囲気で出来るのではないでしょうか。紅茶は代表的なアルカリ天然飲料で、しかも一カップ当りのカフェインもコーヒーに比べて、ずいぶんと少なく、お子様の胃を荒す心配などはありません。
NET.10.8g
6袋入、￥150
NITTOH
日東紅茶
製造元 三井農林株式会社

ニンニン！　紅茶の名門ブランド「日東紅茶」から、こんなに楽しい「忍者ハットリくん」の紅茶がリリースされていたでござる！　ビビッドなパッケージも元気でかわゆい♫ クラスのお友達が家に遊びに来たら、ハットリくん紅茶でおもてなし！　おまけのマスコット人形の真顔＆直立不動ハットリくんが欲しすぎる〜っ。

2.

SANRIO

サンリオ

70年代から80年代のサンリオ系の広告は、キャラクターやプロダクトはもちろん広告のデザインにいたるまで、その全てがラブリーで夢がいっぱい♡ ノスタルジックな70年代のお菓子の広告を中心に、その他食品や玩具、アパレルや生活雑貨、自転車まで、昭和期ガールズライフに欠かせなかった伝説のサンリオグッズをご紹介☆

もし彼が
とてもモテモテなら…
どうしよう。
バレンタイン
2·14
バレンタインデー
直前 対策講座
バレンタインも、もうすぐ。作戦はたてましたか？
今年こそ、とくに慎重にメンミツな作戦でせまりましょう。
P&J 作戦その1
ほかのヒトと同じチョコレート贈ったんじゃ目立たない。少しはヒトとちがう工夫を！
P&J 作戦その2
女のコにとって最大の武器は、もちろん可愛いさなのです。それを思いきって表現しましょう。
P&J 作戦その3
純情なあなたがプレゼントするんですもの、ズッシリしたムクのチョコレートを選びましょう。
♥♥♥バレンタインはこれでキメよう。♥♥♥
MORINAGA CHOCOLATE
PATTY & JIMMY
WE ARE VERY GOOD FRIENDS.
森永チョコレート
パティ＆ジミーの
かわいいシールも
入ってます。
Copr. ©1976
SANRIO CO. LTD
森永チョコレート
パティ＆ジミー
100円
森永製菓

70年代から80年代にかけての、森永製菓×サンリオの一連のコラボお菓子は、それはもう最強最愛のかわゆさだった。こちらはパティ＆ジミーの板チョコの「バレンタイン直前対策講座」という、心強いレクチャー付きの広告♡「ほかのヒトとちがう工夫」「可愛いさを思いきって表現」「ムク（無垢）のチョコ」と、なかなかためになるアドバイスが書いてある。

食べてしまいたいくらい
かわいいのです。
森永チョコレート
パティ&ジミー
100円
森永製菓
新しいおともだちです 仲よくしてネ!
MORINAGA CHOCOLATE
PATTY & JIMMY
WE ARE VERY GOOD FRIENDS.
CHEER UP!
I WANNA TAKE A REST!
パティ&ジミーシール入り
MORINAGA CHOCOLATE
PATTY & JIMMY
WE ARE VERY GOOD FRIENDS.
Copr. C 1976 SANRIO CO., LTD.

森永チョコレート「パティ＆ジミー」の広告。正方形のカタチがおりがみみたいだし、チョコレートがパズルふうのレリーフになっているところも、たまらない！ パッケージやおまけも、初期パティ＆ジミーのビビッドな色使いがおしゃれ。「食べてしまいたいくらいかわいい」と言うべきか「かわいすぎて食べられない」と言うべきか、悩む…。

春、すがすがしい空にこいのぼり
風、二人の肩ごしにさわやか
香り、いつも二人を包む
そして、やさしい口もとにP&Jクッキー
5月5日はジミーの日
パティもいっしょに祝ってね。
&Jの姿焼きクッキー
MORINAGA COOKIE PATTY&JIMMY
WE ARE GOOD FRIENDS
120円
森永クッキー
森永製菓
Copr. ©1976 SANRIO CO. LTD
かわいい楽しいP&Jのミニレター入り
森永P&Jクッキー
120円

パティ＆ジミーの姿焼き（ダイカット）クッキーの広告は、心なごむぽえ夢（む）付き。洋風なクッキーと和風なおりがみの細工が絶妙にマッチしていて、目を奪われるかわいさ。ジャパニーズボーイ伝統の端午の節句も、パティ＆ジミーのクッキーでお祝い。パティちゃんもこの日ばかりはかぶとをかぶって凛々しくネ！

森永製菓
パティー　おしゃまな　クッキーガール
ジミー　かわいい　クッキーボーイ
この夏　ふたりは　クッキーフェース
新発売
WE ARE GOOD FRIENDS
PATTY & JIMMY
MORINAGA COOKIE
森永クッキー
120円
P&Jがクッキーになった！
パティー&ジミー
森永クッキー
クッキーがP&Jになった！
ミニレターがついてます
あふれる思いを小さなレターに
こめて、あなたの大切な人に
そっと伝えます。
Copr ©1976 SANRIO CO., LTD

パティ＆ジミーのクッキーの広告その2。シンボリックに並んだ2人のクッキーが印象的。「この夏　ふたりは　クッキーフェース」というフレーズは、同じころに流行した化粧品のキャッチコピー「Oh！ クッキーフェイス」ともリンクして70年代後半の香りが漂う。おまけのミニレターもものすごくかわいくて、鮮明に覚えてる！

森永「パレードチョコレート」の広告。この、かくも小さきおまけのマスコットのラブリーさはどうだ！「上の箱からマスコットが一つ、下の箱からチョコと金平糖」。さあ、アナタはどちらから開ける？　私はマスコットです（笑）！パッケージや、チョコ＆金平糖の組み合わせなど、そのすべてが完璧なまでにかわいい名品。

あなたと彼の恋占い

P&Jキャラメルのマスコットで占ってみましょ

Copr. ©1976 SANRIO CO., LTD.

恋占い♥その1　あなたの箱から水筒のマスコット、彼の箱からアメラグのヘルメットが出てきたら、彼はステキなスポーツマン。彼の応援にいってみたらどうかしら、とてもいいことが起きるかもしれないわヨ。

恋占い♥その2　あなたの箱からスタンドのマスコット、彼の箱からミニトランプがでてきたら、今夜は彼を大胆にアタックしてみましょう。甘いムードで彼はイチコロです。

恋占い♥その3　あなたの箱から三角定規、彼の箱からメモ用紙がでてきたら、今日の2人は遊びどころじゃないんじゃないかしら、楽しみはちょっとガマンして今日は勉強しましょう。

上の箱からおいしいミルクキャラメル➡

下の箱からかわいいマスコットが2ツ➡

P&J

あなたと彼と持ち寄って…。

森永製

森永キャラメル

ミルク 100円

森永「キャラメル　ミルク」、忘れもしません、このポップなパッケージ♡　そして、これぞ森永×サンリオのお菓子シリーズの真骨頂とも言える、怒涛の「マスコット」まつり！ うわーっ、全部欲しくなっちゃう！ 出てきたマスコットで「恋占い」が楽しめちゃうという、楽しい広告。

あま～い、あま～い関係に
ミルクキャラメルのように
甘くてとろけるように仲良くなれるかな。
2人のための2ツのマスコットが
うれしいな。
上の箱からおいしい
ミルクキャラメル
下の箱からたのしい
マスコットが2ツ
P&J 森永キャラメルミルク 100円
小犬を連れて、2人で散歩
P & J のチョコレートみたいに
小犬を連れて
2人仲良く楽しいお散歩。
P&Jのシール付
森永チョコレート P&J 100円
食べちゃいたいくらい可愛いい2人づれ
クッキーだもの食べちゃい
たいのはあたりまえ。
彼と私も食べちゃい
たいくらい可愛いく
みえるかしら。
P&Jの姿焼きクッキー
森永クッキー P&J 120円
森永製菓
春がくると
カレとあなたは・・・。
Copr. ©1976 SANRIO CO. LTD.
まだまだ募集中の人
大きなマスコットに、大きなキャラメル
ひとりでたっぷり
楽しめるのだ、
2人づれには
わかんないの。
大きなマスコット
大ツブのキャラメル
永手さげキャラメル P&J 200円
暖かい日はハイキング
可愛いいバッグにお菓子を詰めて♬ランランラン
P&Jのバッグならそれだけで十分で～す。
ビスケット
キャラメル
キャンデーのつめあわせ
P&J 森永バッグ 400円

パティ＆ジミーのお菓子が勢ぞろいした、1979 年春の広告♡ 前述のチョコやクッキー、キャラメルの他にも、「手さげキャラメル」や「バッグ」が存在した！「手さげ～」はキャラメルもマスコットもビッグサイズ。欲張りさん向けかな？「バッグ」はランチボックスふうのラウンドデザインがとってもキュートだね。

森永製菓
あなただけの
クリスマスツリー
Merry Xmas
上の箱からおいしいミルクキャラメル
MORINAGA CARAMEL MILK
PATTY & JIMMY
P&J
ちっちゃなツリーに
お気に入りのマスコットをぶらさげて…
箱の中から出てくるマスコットは新工夫のものや、変り種やら珍しいものなど一段とふえています。しかも、どんどん変えています。クリスマスにもよろこばれるプレゼントです。
1ツは私
もう1ツは彼!?
下の箱からかわいいマスコットが2ツ
P&J
森永キャラメル ミルク
100円
Copr.©1977 SANRIO CO., LTD

森永「キャラメル　ミルク」には、一箱にマスコットが2つも付いていた。小さなクリスマスツリーに飾り付けると、夢のようなパティ&ジミーのマイツリーが完成☆ 広告をよく見ると「新工夫のものや、変り種やら珍しいものなど一段とふえています。しかも、どんどん変えています。」と我々ファンのコレクション魂を煽りに煽ってくるの～！

キキ&ララチョコレートが
あなたをメルヘンの世界へ
遠い遠い星の国から、流れ星のようにやって来た双子星、キキ&ララ。
忘れかけていた、ほのぼのとしたやさしさを奏でる双子星、キキ&ララ。
キキが弟で、ララがねえさん。
けがれを知らずにこの世に生まれた二人だけど…。
こんなキキ&ララがチョコレートになりました。
森永製菓
パッケージは4つに分かれ、
その1つには、キキ& ララのマスコットが。
あとの3つには、キキ& ララの形をした
可愛いいチョコレートが
あなたとの出会いを待っているはずです
LittleTwinStars
Copr. ©1976 SANRIO CO., LTD.
新製品
森永チョコレート
キキ&ララ
120円
東京・大阪・名古屋・北陸・静岡より順次全国発売です。

森永チョコレート、その名も「キキ&ララ」☆ とても凝った作りで、パッケージが4つに分かれており、3つはキキ&ララの形をしたチョコレート、あとの一つはマスコットが入っているの♪ わざわざ小分けになっているので、小さな宝箱を一つ一つ大切に開けるみたいなドキドキワクワク感があるよね。

クリスマスが近づいたら、
夜、ちょっとだけ、窓をあけて――
耳をすましてごらん。
ほら❢
夜空のステージで
キキとララの
「クリスマス・コンサート」
お星さまがはくしゅしてる、
照明係のお月さま、
うっとりして――
だいじょうぶかナ。
Copr. ©1976 SANRIO CO., LTD.
MORINAGA CARAMEL MILK
Kiki & Lala
PARADE CHOCOLATE
120円
100円
100円
森永製菓
森永チョコレート
キキ＆ララS
森永キャラメルミルク
キキ＆ララ
森永パレード
チョコレート

リトルツインスターズのお菓子コレクションその１♡ 商品の説明はさておき、キキ＆ララの初期イラストとぽえ夢（む）というイメージ戦略的な広告。夢と優しさに満ち溢れていて、もうずっと眺めていたい気持ちになっちゃった☆

リトルツインスターズのお菓子コレクションその２♡ 引き続き、初期の貴重なイラストとともに優しいぽえ夢（む）の世界をお楽しみください。「キキ＆ララ 二人の顔をじっとみつめていると 心がやすらぎませんか」。はい、とても安らぎます…！

24 第3種郵便物認可 Copr.©1976 SANRIO CO., LTD.
いちご新聞 昭和54年4月15日(日)
LittleTwinStars
Copr. ©1976 SANRIO CO., LTD.
リトル・ツイン・スターの
かわいいアイス誕生《たんじょう》!
名糖ララスターセーキ
★意匠・実用新案出願中(DES・PAT・P)
★画期的な新製品★
ハ〜イ!
リトル・ツイン・スターのかわいい
アイスがまた一つ誕生しました
オリジナルな容器《ようき》デザインの
名糖
ララスター セーキです
●さわやかなミルクセーキタイプのアイスに、ピンクの星をちりばめた夢のあるおいしさ
●たべたあといろいろ遊べるバケツ型のかわいい容器《ようき》です
●コップの絵も6種類揃っています。たくさん、あつめたくなるかわいい容器《ようき》です
(色はピンク・ブルー・アイボリーの3種類です)
130ml
100円
★リトル・ツイン・スターのアイスクリームは、どれもみんなかわいい包装と、おいしい味で人気No.1☆
●ララ・チャームメイト300円
●チョコボール300円
●チョコボール100円
●ララカップ100円
●ララスティック50円
協同乳業株式会社 東京都中央区小網町17-2
☎03−667−5411(代表)

現在は「メイトー」のブランド名で知られる、協同乳業のアイスの広告。どの商品も、サンリオショップに並ぶファンシーグッズのような完成度&愛らしさ。え、なに、ちょっと待って、「ララスター セーキ」は「さわやかなミルクセーキタイプのアイスに、ピンクの星をちりばめた夢のあるおいしさ」だって♡ 本当にキキ&ララの世界にあるかのような、ドリーミーなアイスだよね!

サブちゃん（北島三郎）のイメージが強い、かの名門･永谷園のお茶漬けも、キキ＆ララの魔法にかかると世にもファンシーな「おちゃづけ」にな〜る！ まるでスイーツのパッケージかと見まごうラブリーさ。内側の個装パッケージも、まるでティーバッグみたい♡ 外装がそのまま卓上容器になるのもグッドアイディアだし、ちゃんとマスコットまで付く芸の細かさ。この意外性が素晴らしいよね☆

18 第3種郵便物認可 Copr. ©1976 SANRIO CO., LTD.
いちご新聞 昭和53年4月1日(土)
ポットの中からカップから たのしさとびだすハローキティ紅茶！
キティの紅茶もうのんだ？
かわいいマスコットがついてます。
HELLO KITTY TEA BAG
日東紅茶
ハローキティ紅茶のおいしいいれ方
○まず、ポットとカップをあたためておきましょう。ポットの中にティーバッグを入れ、ふっとうしたお湯をそそぎます。ポットにフタをして、40秒間まちます。これが紅茶をおいしくいれるコツ。美しい色、味、香りがポットの中でゆっくりひろがっていきます。お好みに合せてレモンかあたためたミルクを加えます。アイスティーなら2倍の濃さにいれた紅茶を、氷を入れたグラスにそそぎます。すてきな味と香りの紅茶をお楽しみください。
●1コ8バッグ入り(マスコット付)120円
どの紅茶にする…？みんなそろえてみない？
もうすぐ発売されま～す！
●リトルツインスターティーバッグ
●1箱 8バッグ入り 130円
日東紅茶
おいしさキラ・キラ、可愛いティーバッグ。

「ハローキティ紅茶」、この殺伐とした今の世の中にこそ必要ではないだろうか☆ キティちゃんの紅茶でホッと一息つきたい。やっぱり初期のキティちゃんを見ると、懐かしい友だちに会えたみたいに心がほっこり癒されるんだよな♪ そしてこれもまたマスコット付きというホスピタリティの徹底ぶり。リトルツインスターズ ver. のお紅茶も見逃せないわっ！

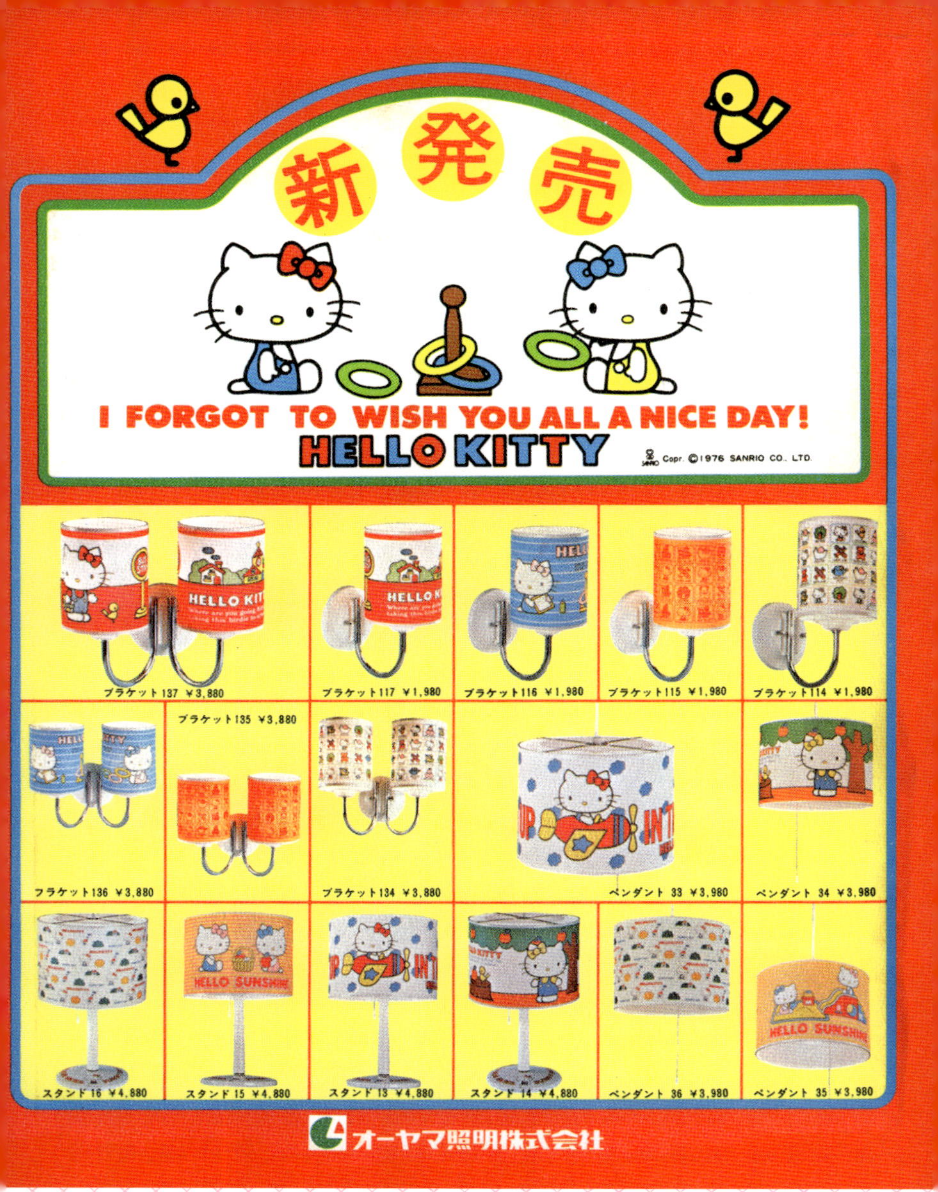

70年代〜80年代はありとあらゆるものがファンシー化した時代だったが、照明もしかり。こんなにたくさんのキティちゃんのライトがあったなんて衝撃！ かわゆいペンダントライトのマイルームで、夜はお気に入りのスタンドの灯りをカチッと消してベッドに入る（もちろんネグリジェ姿で）…♡ そんなガーリーな日々を夢見ていたあの頃。

幼少期の「自転車」との出会いは私にとって重要な人生の転機だった。自分の「愛車」だから気に入ったものを選びたいし、何のキャラ自転車に乗るか、友だちからも注目されていた。そんな中、サンリオの自転車は周囲の羨望の的であった。真っ赤なキティちゃんの自転車に乗っていたら、きっと街のアイドル(気分)になっていただろうな。小学生向けのパティ＆ジミーモデルも、爽やかなイエローが眩しい！

FANCY
ministeck
©PRESTFIX W.GERMANY.PAT 845346
CHEER UP!
ドイツ生まれの楽しいモザイク
ministeck
PATTY&JIMMY P&J
すてきなプレゼント……ドイツ生まれのモザイクホビー ミニステック
PATTY&JIMMY
S60-3 ¥600
S15-3 ¥1500
S90-8 ¥900
S60-4 ¥600
S15-4 ¥1500
HELLO KITTY
S90-7 ¥900
S12-6 ¥1200
LittleTwinStars
S90-4 ¥900
● お近くのデパート、玩具店スーパーにてお求めください。
SANRIO
Copr. ©1976 SANRIO CO., LTD.
ミニステックについてのお問合せは
東邦化工株式会社ミニステック事業部
〒133 東京都江戸川区北小岩2-4-3 ☎03-657-1151（代表）

ドイツ生まれのモザイクホビー「ミニステック」は、メッシュ状のプレートに小さなカラーのパーツをはめ込んでいくだけでかわいいモザイクアートが出来上がるというもの。ほかにも「わんころべえ」や「キャンディ・キャンディ」があったようだ。細かい作業が要求される忍耐系アートだが、今でいう「ドット絵」のようなアナログ的なかわいさ♡マイルームに飾ったら、きっと素敵！

星の国からやってきたリトル・ツインスターズ
★ランチボックス
おなかのむしが
ぐーっとなきました。
かわいい
ランチボックス《らんちぼっくす》を
ひらいて、さぁ、おひるです。
おおきな太陽《たいよう》も
かおをだして
たべたそうです。
★キーホルダー
★リフレクター
★星のブザー
LittleTwinStars
キラキラと新発売《しんはつばい》。
リトル★ツインスターズ★16 (4〜6才用)
TS-16-E (16型) 標準現金販売価格 26,800円
●フレーム色：ピンク・ブルー ●適正乗車身長範囲97〜129cm
リトル★ツインスターズ★18 (5〜7才用)
TS-18-E (18型) 標準現金販売価格 27,800円
●フレーム色：ブルー・ピンク ●適正乗車身長範囲104〜135cm
Copr. ©1976 SANRIO CO., LTD.
ミヤタ自転車

ついに出た！ キキ＆ララ自転車☆ これこそガールズ自転車界の名品と言えるのではないだろうか。車体の随所にふんだんに施されたキキ＆ララのイラスト、取り外し可能なラウンド形のランチボックス、ラブリーなリフレクター＆鍵（キーホルダー）、そして極め付けは星のブザー！ 理性を失ってしまいそうなほどのかわいさが、これでもかというぐらい標準装備されている！ これに乗ってサイクリングしたいよ〜。

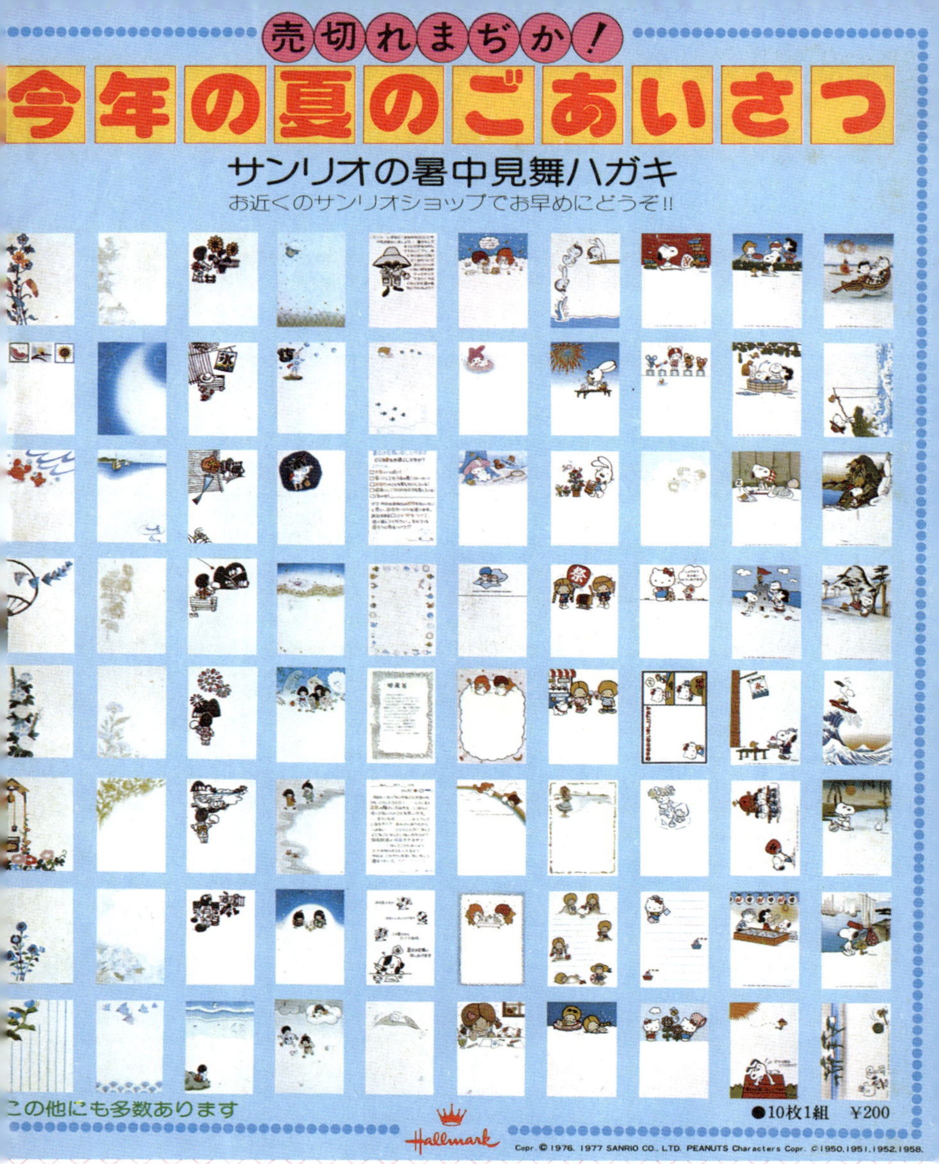

売切れまぢか！
今年の夏のごあいさつ
サンリオの暑中見舞ハガキ
お近くのサンリオショップでお早めにどうぞ!!
この他にも多数あります
●10枚1組　￥200
Hallmark
Copr. © 1976. 1977 SANRIO CO., LTD. PEANUTS Characters Copr. ©1950.1951.1952.1958.

クラウン（王冠）マークが目印のホールマーク社は、グリーティングカード関連事業で世界トップシェアを誇るアメリカの名門企業。サンリオとホールマーク社とのつながりはとても古く、1969年の業務提携まで遡り、グリーティングカード事業こそがサンリオの原点なのであった。子どものころ、サンリオショップでクラウンマークの年賀状や暑中見舞いハガキ、メッセージカードをせっせと選んでいた日々が懐かしいな♡

サンリオレコード
全国《ぜんこく》のサンリオ・ショップで買《か》ってネ
ドキドキ
発売中！
STEREO
SANRIO RECORD
STEREO
あの子はキティ
ハロー　キティ
HELLO KITTY
It's a lovely day! Why don't we get together and go shopping?!
大人気《だいにんき》、キティがうたの世界《せかい》に初登場《はつとうじょう》！
ねだん４５０円
SANRIO RECORD
STEREO
¥450
んな一緒に
パティ パティは女の子
ジミー ジミーは男の子
AMERICAN YOUNG STARS
BASEBALL
PATTY&JIMMY
おなじみパティ＆ジミィといっしょにうたいませんか？
ねだん４５０円
こんなステキな歌をつくってもらえるなんて…
SANRIO RECORD
STEREO
¥450
あなたの友だち
キキとララ
ふたご星
LittleTwinStars
キキとララがみなさんを案内《あんない》する星の世界《かい》のメルヘン。
ねだん４５０円
SANRIO RECORD
STEREO
¥600
お誕生日に
やっぱり おめでとう
NEW BEGINNINGS AWAIT YOU.
LIKE ALL OTHERS WISHING YOU WELL,
I'LL SAY,
"HAPPY BIRTHDAY TO YOU"
小椋佳《おぐらけい》さんからお誕《たん》生日《じょうび》のメッセージ。
ねだん６００円
Copr. ©1976 SANRIO CO., LTD.

「サンリオレコード」という魅惑のレコードレーベルが存在したのをご存知だろうか。これがまた、どれもサンリオの優しい世界をイメージしたガーリーな曲ばかりで、言うまでもないがジャケットも飾っておきたいぐらいかわいい！ サンリオの凄さは、このような音楽事業のように、ファンシーグッズの販売以外にも有形無形あらゆるアプローチ方法でサンリオの理念をアウトプットしている点だと思う。

87%
相性占い
24%
デート占い
恋、ひとつ、ちょうだいな。
THE VAUDEVILLE DUO
ハートミントキッス
ボードビルデュオの
占い＆ゲームマシーン
新発売
全国の恋する少女たちに、ハートミントキッス新発売。生年月日でカレとの相性が占えちゃうほか、デート占いまでできちゃう。現在進行形の少女たちは、ガンガン、デート占いに励むこと。もちろんゲームもついているので、ふたりの楽しい時間がすごせるの。
標準小売価格 4,980円 ボタン電池(LR44)2個付
たのしい遊びのクリエイター
TOMY
本社 〒124 東京都葛飾区立石7-9-10
TEL 03(693)1031(大代表)
HEART MINT KISS
TOMY
©1983, 1985 SANRIO CO.,LTD.
●お求めは有名百貨店、専門店、量販店にて

サンリオのナイスカップルといえば、ザ ボードビルデュオ！ LSIゲーム機「ハートミントキッス」の広告は「恋、ひとつ、ちょうだいな。」のコピーも素敵。残念ながら当時手にすることはなかったが、「なぜ買わなかったんだろう、私の馬鹿！」と一生後悔してしまうぐらいかわゆいゲーム機！ ドレスアップしたエディ＆エミィの「スマイル」が見られるのは、もしかしてレアなんじゃないか?!

不定期コミック
ヒミツの!タロットちゃん
大好《だいす》きなBF《ボーイ・フレンド》が仲良《なかよ》しのA子さんと
親《した》しそうにしているのを見《み》てしまった。
どうすればいいの、私《わたし》?
主演:タロットスター　友情出演:タキシードサム
提供:TOMY
弱《よわ》ったわ、困《こま》ったわ、私《わたし》の好《す》きなケンイチさん、A子《こ》とあんなに仲良《なかよ》くするんだもの…。
そうだわ、タロットスターで私《わたし》と彼《かれ》のこと、占《うらな》ってみようっと。
PiPiPi
お願《ねが》いよ、タキシードサム。
キラリ!
ウフフ、ありがとう、タキシードサム。私《わたし》の気持《きも》ち、明日《あした》こそ打《う》ち明《あ》けるわ。
タロットスターで愛はついにクライマックス!さあ、次週の主役は、あなたです。
(来週へつづく?・)
•TUXEDOSAM•
T·A·R·O·T·S·T·A·R
タロットスター
©1979.1983 SANRIO CO.,LTD.
標準小売価格 6,500円 LR-44×2(電池付)
新発売
ピッピッと押せば、気になる6つの運勢がピタリ!
彼のこと、学校のこと…悩み多きは乙女の♥。そんな時、タロットスターをピッピッと押してカードをシャッフル。愛情、勉強、おこずかい、健康、友情、チャンスと、あなたの6つの運勢が過去、現在、未来にわたってピタリとわかります。気になる彼との相性もバッチリ!この他にも、LOVE占い、ゲーム、時計など5つのプレイが楽しめます。
タロットスターで乙女はもう迷いません。
TUXEDO SAM
TAROTSTAR
タロットスター
ミニブック
ESPカード
タロットカード
たのしい遊びのクリエイター
TOMY
株式会社トミー
本社/〒124 東京都葛飾区立石7 9 10
TEL03(693)1031代

タキシードサムくんの占いゲーム機「タロットスター」は本物のタロットカードで本格的な占いが楽しめるゴイスーなゲームだが、この突如のヘタウマふう少女漫画広告には、当時かなり戸惑ったことを覚えている。「不定期コミック ヒミツの! タロットちゃん」というタイトルもインパクトがあって忘れられない! 80年代らしい、ゆるいガーリーさがお気に入りの広告。

つめた〜いおいしさ
新《しん》発《はっ》見《けん》!
ICE PARTY
サムご自慢《じまん》のデザート。
作《つく》り方《かた》、おしえてあげる!
本物《ほんもの》のアイスクリームが簡単《かんたん》にできちゃう!
クリープで作《つく》る
おいしいデザート
TUXEDOSAM
アイスパーティー
ICE PARTY
標準小売価格3,200円(単1×2 電池は別売です)
クリープはコーヒーや紅茶《こうちゃ》に入《い》れるだけ…なんて思《おも》ってる人《ひと》だあれ?こんなにすてきなデザートが、できちゃうのよ。
クリープシャーベットの作《つく》り方《かた》
材料《ざいりょう》/●クリープ●さとう●水《みず》(または牛乳《ぎゅうにゅう》)
❶クリープ、さとう、水《みず》をボールに入れて、よーくかきまぜます。
❷①を"アイスパーティー"に入《い》れ、冷凍庫《れいとうこ》に!
❸できあがったクリープシャーベットを、かわいらしく飾《かざ》りつけます。
Creap
手作りアイスは、作《つく》る時《とき》も、たべる時《とき》も楽《たの》しいの。かわいく、おいしく、できあがったアイスは、きっと、ひとりでたべるのがもったいないわよ。
※アイスパーティーはブルーとピンクの2色。かわいいアイスカップ2コとスプーン2本《ほん》がついています。
たのしい遊びのクリエイター
TOMY
〒124 東京都葛飾区立石7-9-10 ☎03(693)1031(大代表)
©1979.1984 SANRIO. CO., LTD.

トミー(現タカラトミー)の玩具はとにかくデザインが素晴らしかったが、こちらもサンリオ×ガールズトイ×食育系トイの傑作ともいうべき「ICE PARTY」♡ 3D のサムくんをどーんと上に載せちゃうというこの大胆さが好き!付属のカップもサムくんデザインで、それも含めて全部かわいかった。レッツ、パーティータ〜イム☆

アイスパーティー開《ひら》いちゃう。わたしがつくったのよ！

アイスクリームづくりが、こ〜んなにカンタンになっちゃった！かわいいタキシードサムのアイスパーティーなら、材料《ざいりょう》を入《い》れて冷凍庫《れいとうこ》でひやすだけ。シャーベットやムースもできちゃうの。アイデアいっぱいのわたしのアイス、みんなで食《た》べにきてね。

TUXEDOSAM アイスパーティー
ICE PARTY
標準小売価格 2,980円（予価）

つくり方《かた》はこ〜んなにカンタンよ。

まず材料《ざいりょう》を用意《ようい》してね。
〈2回分《かいぶん》〉
●生《なま》クリーム・カップ2（100cc）●牛乳《ぎゅうにゅう》・カップ1（50cc）●たまご・1個《こ》●さとう・大《おお》さじ3●バニラエッセンス・少々《しょうしょう》
①用意《ようい》ができたら、生《なま》クリームをボールに入《い》れて、ホイップ！

②ホイップした生《なま》クリームに、ほかの材料《ざいりょう》を入《い》れてよ〜くかきまぜてね。

③材料《ざいりょう》の1/2をトレイに入《い》れて、サムをのせタイマーを合《あ》わせます。冷凍庫《れいとうこ》に入《い》れて17分間《ふんかん》まってね。できあがったアイスクリームを、あなたのアイデアで、いろいろと工夫《くふう》してたのしんでね。

たのしい遊びのクリエイター
TOMY
〒124 東京都葛飾区立石7-9-10 ☎03(693)1031（大代表）

「ICE PARTY」の広告その2。パリピとは真逆の立ち位置にいる引きこもりの私が言うのもなんだが、こんなガーリーでキュートなアイスパーティーを開催してみたい、いつか。しかもそれが手作りだったらなおのこと楽しいはず♫ 作り方によると、材料をトレイに入れてサムくんを乗せたら、そのまま冷凍庫に入れるらしい。ペンギンだから寒いところは平気だもんね。

家では常にパティ＆ジミーのＴシャツを着て、鏡を見ては満足している私だが、この広告を見て、そういえば小さい頃にサンリオキャラのアパレルがいっぱい売られていたことを思い出した。パティ＆ジミーのラインナップは昭和の香りプラス、アメリカン＆アイビーなテイストでとても素敵〜！ 総柄のブラウスとか着こなしている男の子がもしいたら、マジで恋する５秒前だな。

第3種郵便物認可　Copr. ©1976 SANRIO CO., LTD.　いちご新聞特別増刊号　昭和52年8月10日(水)　(33)
今《こん》夜《や》はだれと夢《ゆめ》のなか
7時になったらプチナイティ。
ほらほら、はやくしないと、おともだちもねむってしまう。
今夜《こんや》はだれとおあそびしましょ。
すてきなすてきなゆめのなか。
プチナイティ
ただいま好評発売中
ハローキティ、パティ&ジミー、
ツインスター・キキとララは、
バイオレットのプチナイティ・シリーズ。
それぞれ2色、
4デザインのバリエーションが楽しめます。
●お買求めは、有名デパート・専門店でどうぞ
バイオレット

「ナイティ」という言葉も昨今あまり使わなくなった気がするが、当時はとっても憧れました、ネグリジェとかナイティといった夜着に…。画像が小さくて柄がよく見えないのが残念だが、パティ&ジミーやキティちゃん、キキ&ララ柄のナイティシリーズの広告。お友達とワイワイ、ペチャクチャ、パジャマパーティーをするときは、絶対サンリオナイティでキメたいっ☆

家族そろって
たのしい夏休み
この夏
海
や
山
に
ニッポン水筒の
パティ&ジミー水筒 と ハローキティ水筒
もつれてってね。…
今!! 人気一番
パティ&ジミー水筒
PATTY & JIMMY
WE ARE A FRIENDLY TEAM.
PATTY AND JIMMY ARE WEARING BRAND NEW BLAZERS
TO GO DOWNTOWN SHOPPING ON THE WEEKEND.
ハローキティ水筒
KITTY & MIMMY
よいこのともだち
ニッポン水筒
ニッスイ工業株式会社
本　　社　東京都台東区浅草橋2丁目2番9号
TEL(861)7021代 テレックス(265)7280ニッスイ
大阪営業所　大阪市天王寺区大道2丁目398番1号
TEL 06(772)7975～7番

家族旅行、小学校の遠足、野外キャンプ、運動会…私たちの小学生ライフには、水筒が欠かせなかった。中が洗いにくい、おむすび形のフォルム、保冷機能もないシンプルな構造。でも、そのアナログ感がいいのだ、逆に！ プラスチックのコップに入れて飲んだあの麦茶の味とともに思い出すのは、お気に入りの水筒の柄。広告の、水筒を提げた笑顔の子どもたちは、あの日の貴女かもしれない。

(32) 第3種郵便物認可 Copr. ©1976 SANRIO CO., LTD.
いちご新聞特別増刊号 昭和52年8月10日(水)
こんにちは！キティです。
Hello Kitty
みなさん
お元気ですか、
夏休みは体に気をつけて
夏ばてしないようがんばって
くださいね。
★キティとパティ&ジミーのソックス¥500
ハイソックス¥600
★パティ&ジミーの
くつ下もあるのよ…
よろしくね！
キティとパティ&ジミーのくつ下の
お求めは全国有名デパート、
専門店でどうぞ。
ナイガイ
内外編物株式会社
SANRIO Copr. ©1976 SANRIO CO., LTD.

靴下にまたがるキティが印象的な、レッグウェアメーカーの老舗・ナイガイの広告。キティちゃんのハイソックス、私もお友だちもはいてた、はいてた〜！ 象足だったので、キティちゃんの絵柄が若干（？）膨張したけど…。「夏休みは体に気をつけて夏ばてしないように」という優しいいたわりのメッセージが、四十路になった今こそ身に沁みる。

COLUMN 1

サンリオ商品広告の始まりとその時代

サンリオの雑誌にサンリオグッズの広告 唯一無二の世界観を作り上げていた

サンリオがキャラクター・ギフト事業に主軸を置いた70年代後半から80年代にかけて、私たちはたくさんのサンリオオリジナルのキャラクターグッズに出会い、ずっと日々を共にしてきました。この章に載っている懐かしいサンリオ商品の広告の数々は、同社が発行した雑誌や新聞などの紙媒体の広告がほとんどです。

１９６０年の創業以来、サンリオの〝ソーシャル・コミュニケーション〟という理念は、みんなが助け合い、仲良く生きていくことを目指して掲げられましたが、そんな「心」を伝えるビジネスの一つとして、60年代後半から、同社は出版事業を行ないます。たとえば、タブロイド版の「いちご新聞」（１９７５年創刊）、メルヘン誌「サンリオ」（１９７７年創刊）、そして少女漫画雑誌「リリカ」（１９７６年創刊）などです。時を同じくして、サンリオは自社キャラクターの使用許諾事業をスタート（１９７６年）。それにより、様々なジャンルの一般商品が生まれたり、企業のイメージキャラクターとなり、消費者に広く浸透していきます。紙媒体の力が強力だったこの時代、サンリオの出版物にもライセンシー企業の広告を載せることでキャラクターの価値が高まり、サンリオの唯一無二の世界観の作り込みや商品力の向上に貢献したと言えるでしょう。

サンリオ広告のプロダクトデザイン、レイアウト、色、キャラクターの動き、キャッチコピーの一つ一つ。その全てが懐かしく温かく、サンリオならではの「愛」に満ちています。40年以上経った今見ても心がキュンとなるかわいらしい広告の数々に、幸福で精神的に豊かだった少女時代を思い出さずにはいられません。

A

B

「あなたは どのマスコットが似合うかしら——？」
かりと
けて彼に
いましょう。
たら彼がキスして
くれるかなあ。
ちょっと
かわるなあなた
の目の前で
を上手
んな
りを見な
はおしとやかに
なりたいなあって考えて
みたら。
上の箱からおいしいミルクキャラメル★下の箱からかわいいマスコットが2ツ
P&J 森永キャラメルミルク 100円
P&Jコレクション by MORINAGA
森永製菓
P＆Jのお菓子はこんなに種類があるんですって、あなた知ってた？
P＆J
シール付
森永チョコレート P&J 100
P＆Jの姿焼きクッキー
WE ARE GOOD FRIENDS
ミニレター付
森永クッキー P&J 120
大きな
マスコット
大ツブの
キャラメル
P&J
森永キャラメルバッグ 200
ビスケット、キャラメル、
キャンデーのつめあわせ
P&J
500 バッグ

C

森永パティ＆ジミーコレクションの広告。おまけのマスコットがいっぱい！ A実際に遊べるのかな？ パティの絵が付いた、超ミニサイズのトランプ。Bこれはまさかのパティ＆ジミーのポックリ♡ 和風の小物ってかわいいよね。C超ミニマムなけん玉。これは難しそう〜！

持っているのドレとドレ？
森永製菓
小さすぎてなにも入らないP&Jのカバン、でもあなたのやりきれない気持をとじこめるには十分な大きさなのです。
きれいなバラにはトゲがある。可愛いいあなたは針がある。P&Jの針入れが、あなたを可愛いい女の子
左手首にばっか
左のくつのカ
P&Jのベルト
しょう。
恋占いはムー
カードもいいけ
小さなカードがお
3ツに折れるP&Jのものさし、これで彼をはかってみない。（もちろん彼の愛情よ。変な事考えた人は誰だ。）
心もからだも傷
のお守り袋を
生きていきま
アメラグのへ
マスコット。
やさしい彼にはす
意味かしら。
A
B
Copr ©1976 SANRIO CO. LTD
PATTY&JIMMY
memo
MORINAGA CARAMEL MILK
下の箱から出てくる出てくる…P&Jのマスコットシリーズ。
楽しくなってコマってしまいそう。
P&J
上の箱からおいしいミルクキャラメル
下の箱からかわいいマスコットが2ツ
森永キャラメルミルク 100円

C
PATTY&JIMMY

森永キャラメルミルクの広告。A 左手に腕時計、右手にはこのおしゃれなベルトを♡　B 小さすぎて何も入らないけれど、あなたのやりきれない気持ちを閉じ込めてくれる。そんな優しいカバン。C いいことが起こりそう！　いつも持ち歩きたい、パティ&ジミーのお守り。

あと、ドレとドレがないの？
カチッカチッメトロノームの音ドキッドキッハートの音なぜかリズムがあってしまう。
あなたと彼の物語、白いノートに書いてネ。
ブランコにのったP&Jのマスコット。カバンにつけているといつもP&Jと遊んでいるみたい。
あなたの可愛いいお人形さん。P&Jのヘアーブラシでやさしくブラッシングしてあげてね。
下の箱から出てくる出てくる…P&Jのマスコットシリーズ。楽しくなってコマってしまいそう
←上の箱からおいしいミルクキャラメル
←下の箱からかわいいマスコットが2ツ
P&J
森永キャラメルミルク 100円
森永製菓

下の箱から出てくる出てくる…
P&Jのマスコットシリーズ。
楽しくなってコマッてしまいそう。
あなたにはどのマスコットが似合うかしら？
あなたの心にカギをかけたのだ～れ。ステキなあの人があらわれて、早くあなたの心を開いて欲しい。P&Jのマスコットキー。
熱い熱い関係のあなたと彼。P&Jのうちわであおいでみたら少しはさめるかも…。やっぱり無理かな～。
P&Jのかわいいおふね。あなたを夢の世界へつれていってくれそう。2ツそろえば彼も一緒にいけるのね。
「ボタンをはずせ、ボタンをはずせ～」たとえヒデキに言われてもP&Jのボタンだけはイヤなの。
タスケテーッ、彼におぼれてしまいそう。ちっちゃな、ちっちゃなP&Jのうきわではとても助からないわ～。このままおぼれていいかしら。
上の箱からおいしいミルクキャラメル→
フーッと息を吹きかけたらP&Jの風車はクルクルとまわってくれるのに、彼はちっとも反応がないの。
高く高くまいあがるP&Jのヤッコダコ。今日のわたしもまいあがりそう。でも糸だけは切れて欲しくない。わたしと彼の関係のように。
←下の箱からかわいいマスコットが2ツ
P&J
森永キャラメルミルク 100円
森永製菓

森永製菓
知ってますか？
上の箱からおいしいミルクキャラメル
MORINAGA CARAMEL MILK
PATTY & JIMMY
BISCUIT
CHOCOLATE
←下の箱から
かわいいマスコットが2ツ
P&J
森永キャラメルミルク
100円

持っているのドレとドレ？
森永製菓
上の箱からおいしい
ミルクキャラメル
←下の箱からかわいい
マスコットが2ツ
下の箱から出てくる出てくる…P&Jのマスコットシリーズ。
楽しくなってコマってしまいそう。
P&J
森永キャラメル ミルク 100円

サンリオの理念でもある「Small Gift Big Smile」。小さなマスコットのおまけは、商品に付加価値を付けるという目的もあるけれど、サンリオから私たちへの小さな贈り物だったんだね。あなたが持っていたもの、見つけられるかな？

ミルクキャラメルのように
甘くてとろけるように
仲良くなれるかな。
2人のための2つの
マスコットがうれしいな。
P&J 森永キャラメル ミルク 100
♥小犬を連れて2人で散歩
P&Jのチョコレートみたいに
小犬を連れて2人仲良く
楽しいお散歩。
P&Jのシール付
森永チョコレート P&J 100
森永クッキー P&J 120
春風にのって
カレとあなたは…。
森永製菓
森永手さげキャラメル P&J 200
♥晴れた日はハイキング
ビスケット、キャラメル、キャンデーのつめあわせ
P&J 森永バッグ 400

2人のための2つのマスコット、彼のいないあなたにはちょっと不愉快かしら。でもおいしいミルクキャラメルを食べてにっこり笑ってごらんなさい。きっとステキな男の子があらわれるわよ。
上の箱からおいしいミルクキャラメル
下の箱からかわいいマスコットが2つ
100円
P&J 森永キャラメル ミルク
P&Jと小犬がチョコレートの中で一緒に遊んでいるなかよしさんのチョコレート。P&Jのシールもついていて、とても楽しいのよ。
森永チョコレート P&J 100円
こんなにたくさんの
パティとジミーに
囲まれて…
迷う気持ちもわかります。
森永製菓
心をこめてミニレターをあの子に、そんな気分になる日曜の午後。おいしい紅茶をいれてP&Jとおしゃべりしましょう。
P&Jがそのまま
クッキーになった
森永クッキー
P&J
WE ARE GOOD FRIENDS
P&Jシール付 P&Jの窯焼きクッキー
森永クッキー P&J 120円
ちょっと大きいってこんなに楽しいことだったの。キャラメルの味もとてもまろやか、大きめのマスコットも楽しいのね。
大きなマスコット・大ツブのキャラメル
P&J 森永キャラメルバッグ 200円
あなたのバックには何がはいっているのかしら。P&Jのバッグにはビスケットにキャラメル、キャンデー、そして楽しい楽しい夢がいっぱいつまっているのよ。
400円
ビスケット、キャラメル、キャンデーのつめあわせ
P&J バッグ

2つにポンと割れる箱に
こんなP&Jのマスコットがあなたを待ってま～す。
◀上の箱から
おいしいミルクキャラメル
◀下の箱から
たのしいマスコットが2つ
森永キャラメル
ミルク P&J 100
P&Jかキキ&ララか?
チョコレートかキャラメルか?
楽しさとおいしさの組合せ、あなたはどのマスコットが欲しい?
森永製菓
はずかしがりやのキキ&ララがマスコットに
なってあなたのそばにやって来ました。
◀上の箱から
おいしいミルクキャラメル
◀下の箱から
たのしいマスコットが2つ
森永キャラメル ミルク
キキ&ララ 100
3種類のチョコにマスコットがドッキング。
楽しさもおいしさも、みんなでわけようね。
ここからそれぞれ
チョコが飛び出して
この中にマスコットが入ってます。
森永チョコレート
キキ&ララ 120

P&J 森永キャラメル ミルク 100
P&Jと小犬がチョコレートの中で
一緒に遊んでいるなかよしさんの
チョコレート。
P&Jのシールもついていて、
とても楽しいのよ。
森永チョコレート P&J 100
120
森永クッキー P&J
200
森永手さげキャラメル P&J
P&J 森永バッグ 400
雪こんこん
おもては寒いよ
雪だるま
一緒に遊ぼうP&J
お部屋は
とてもあたたかい。
森永製菓

「こんなにたくさんのパティとジミーに囲まれて…迷う気持ちもわかります。」（広告キャッチコピーより）。サンリオの雑誌には毎号こんなハッピーな広告が載っていた。ラインナップがたくさん、どれにしようか迷っちゃう♫

『ジミー、私達もいよいよ箱から巣立つ時ネ。うれしいワ』
『うん、だけど誰だろう。僕達をお口にはこぶのは』
MORINAGA COOKIE
WE ARE GOOD FRIENDS
120円
P&J
P&Jの姿焼きクッキー
森永クッキー

夕焼けはなぜ赤いのかしら
お空がお酒を飲んだのかしら
パパもお酒を飲むと楽しそう
お空もとても楽しそう
あしたも晴だと楽しいね
あしたも一緒に遊ぼうね。
新発売
WE ARE GOOD FRIENDS
クッキーがP&Jになった！
パティー&ジミー
森永クッキー
P&Jがクッキーになった！
ミニレターがついてます
あふれる思いを小さなレターにこめて、あなたの大切な人にそっと伝えます。

『パティ、きみはクッキーになってしまって…。食べてしまいたいな』
『ジミー、あなたもよ…』
とっても可愛いクッキーなのです。
あなたは食べてしまいますか、
それとも大切にとっておきますか…。
WE ARE GOOD FRIENDS
P&Jがクッキーになった！
パティ&ジミー
森永クッキー
クッキーがP&Jになった！
ミニレターがついています
あふれる思いを小さなレターにこめて、あなたの大切な人にそっと伝えます。

森永クッキーの広告。「パティ、きみはクッキーになってしまって…。食べてしまいたいな」「ジミー、あなたもよ…」。こんなふうにパティ&ジミーのクッキーが会話していたり、季節をイメージさせるぽえ夢（む）になっていたり。サンリオの広告はそのキャッチコピーの一字一句がユニークでかわいくって、見逃せないのです！

おたのしみは4回に小分けして。
MORINAGA CHOCOLATE Kiki & Lala 120円
あなたが最初に手にするのはこんな形、何のしかけもないようですけど…。
ところが、分かれるんです。それも4つに!! そして、その中に何か入ってそうなんです。
1つ目、2つ目、3つ目それぞれに可愛いいチョコ、4つ目にマスコットがとびだして…。
LittleTwinStars
1箱手にして4回たのしむ
森永チョコレート
キキ&ララ 120円
森永製菓

今年も夏がやってきますね
あなたの夏、どんな夏
海と白いヨット？
それとも
山と入道雲？
キキ&ララの
夏はね
夜空の星への里帰り
あなたの夏、どんな夏
森永製菓
PARADE CHOCOLATE
森永 パレードチョコレート 100
森永チョコレート キキ&ララS 120
森永キャラメル ミルク キキ&ララ 100

森永チョコレート キキ&ララS 120
森永キャラメル ミルク キキ&ララ 100
森永 パレード チョコレート 100
森永製菓
小さな秋って しってるかい
森の中にはいろいろあるのさ
落葉の下からきのこがにょっきり
木の実を求めて小鳥がいっぱい
くりが落ちてて 木々が色づき
小さな秋って
いっぱいあるのさ
小さな秋が大きな秋になると
冬になるのさ

キキと、ララのベッドは雲
雲のまくらで
雲のおふとん。
ベッドの下は雪景色
次から次へと シン。シン。シン。
まぶしいばかりの銀世界
それでもふたりは
スウー。スウー。スウー。
雪の夜の夢 何んのゆめ？
森永チョコレート キキ&ララS 120
森永キャラメル ミルク キキ&ララ 100
森永 パレード チョコレート 100
森永製菓
Cpr. ©1976 SANRIO CO. LTD

森永チョコレート「キキ&ララ」ほかの広告。キキ&ララの世界観や、日本の季節の移ろいを感じさせる、夢いっぱいの広告デザインとぽえ夢（む）♡ キキとララの髪の色がブラウンとイエローなところが、初期のイラストならでは！

三菱銀行（現 三菱東京 UFJ 銀行）、第一勧業銀行（現 みずほ銀行）ほか大手メガバンクが雑誌「リリカ」（サンリオ）に共同で出稿していたイメージ広告（イラスト部分のみを抜粋）。キキ＆ララ、風の子さっちゃん（タイニーポエム）、マイメロディなどのキャラクターたちが、銀行やお小遣い、貯金にまつわる会話をしている（イラストのみのバージョンも存在する）。サンリオキャラクター×銀行というと一見意外な組み合わせのように見えるが、その後大手銀行や地方銀行でおなじみのサンリオキャラクターの通帳やキャッシュカードが続々と採用されるようになり、幅広い年齢層の顧客に愛されている。

Tiny Poem
おこづかいは
たいせつにしましょう!
What a refreshing spring breeze!

Tiny Poem
むだづかいは
しないようにネ!
What a refreshing spring breeze!

Tiny Poem
Hello!
「おこづかいたまったら、
遊びにゆきます。よろしくね。」

サンリオの仲よしの
銀行へいくのよ！
メロディちゃん
どこいくの？

MY♥MELODY & FRIENDS
みんなったら
何のおはなし
してるのかしら…
メロディーのプレゼ
ント買うためなんだって
こと ないしょだヨ
ボク、貯金
はじめたんだ
あたしたちも
ドングリの
貯金！

MY MELODY
あなたは
貯金してる？

また食べちゃった。
おこづかい使いすぎかしら。
Small People
CANDY
LOVE
SMALL PEOPLE
Copr. ©1976 SANRIO CO., LTD.

もうすぐクリスマス、楽しみネ！
ANICA&PAM
Copr. ©1977 SANRIO CO., LTD.

OUTER Space BLAST
いくらたまったら
宇宙旅行できるのかなあ!!
Zip Zap
B
Astral

おこづかいは
たいせつに…ネ

Small People
Copr. ©1978 SANRIO CO., LTD.

Copr. © 1978 SANRIO CO.,LTD.

3. STATIONERY, FANCY GOODS, ETC.

文具・ファンシーグッズ・その他

女の子向けの文房具やファンシーグッズが怒涛のようにリリースされた80年代は、広告にも勢いがあって元気いっぱい！ まるでファンシーショップ巡りをしているみたいにハッピーな広告の世界をお楽しみください♡ その他、スクーターや腕時計、ラジカセなどのちょっとお姉さん向けなアイテムも、憧れそのものだったなあ。

JUYANの仲間がふえたよー
カラフルジュヤン
JUYAN
おそろいのネックレスなのだ
アイデア活かしてJUYANしよう
きょう、あの子とJUYANになった。
きのう、学校の帰りにこんなペン、みつけちゃった。ジュヤンていうのよ。ミニミニサイズで、色もたくさん。チェーンをつけてネックレスみたいにしたら、あの子、とってもカワユイね、ですって。
あなたもジュヤン、してみない。
JUYANミニシャーペン
シンが強いし、これなら消せる、消せる。
ぜんぶで6色 1本180円
このスタンドを目じるしにネ
JUYANミニボールペン
ボールペンだって、おしゃれしなくちゃ。
ぜんぶで8色 1本100円
こんなカラフルなシャープキミ知ってる?
JUYANカラーシャープシン
ぜんぶで6色 120円
JUYAN カラーチェーン
ぜんぶで5色
55cmは100円
28cmは70円
JUYANミニカラーペン
さ〜て、このイラストなに色できめようか。ぜんぶで10色 1本70円
JUYAN ミニボールライナー
電話片手にスラスラ〜。これ、わたしの特技。
ぜんぶで6色 1本100円
JUYAN ミニ蛍光ペン
だいじなとこはアンダーラインをピッ!
ぜんぶで6色
1本80円
JUYAN ミニノートペン
お元気?オレンジ色のレター送ります。ぜんぶで8色
1本70円
¥100
JUYAN カラーホルダー
ぜんぶで5色
100円(2コ入り)
JUYAN カラーシース
ぜんぶで4色 100円
ハガキをだしてこのTシャツあてちゃおう
6種類のJUYANのうち、いちばん欲しいもの、使いたいものをひとつ書いてください。抽選でJUYAN Tシャツを200人の方にさしあげます。(Mサイズ)
●応募方法:ハガキに商品名と郵便番号・住所・氏名・年令(学年)を書いて送ってください。
●あてさき:〒104 東京都中央区京橋2-5-18 パイロット万年筆ジュヤンM係
●しめきり:昭和55年9月30日消印有効
●発表:賞品の発送をもって発表にかえさせていただきます。
パイロット萬年筆株式会社

昭和ガーリー系文房具の貴重な広告。「カラフルジュヤン」とは、キャップ部分にペンダントトップのような穴が開いていて、チェーンを通せるという新感覚のペンシリーズ☆ アクセサリー感覚とカラフルな色展開が斬新で、ボールペンやシャーペン、蛍光ペンなどがあった。プレゼント品の「JUYAN」ロゴTシャツがオシャレ!

はずんで春！
ミドリのファンシーグッズで
ひとあし早く
春をエンジョイしちゃおう♥
JIMMY PENDOLIX
PAINT!
A FAVORITE POSE
FAVORITE DISH
JIMMY PENDOLIX
もよりのデパート、専門店、
ファンシーショップでお買い求めください。
株式会社 ミドリ 本社 〒130 東京都墨田区太平4—19—8 ☎03(626)4021(代) 営業所 札幌/仙台/名古屋/大阪/広島/福岡

1981年ごろのミドリ（現デザインフィル）の人気キャラ「ジミーペンドリックス」、通称「ジミペン」♫ その名のとおり、あの「ジミヘン」がモデルだった（？）のか、音楽にまつわるカッコいいデザインのアイテムが多かった。その他アニマルキャラの「MILK TEEN」など、これぞ'80sミドリだ☆とも言えるセンスのいいラインナップにときめく♡

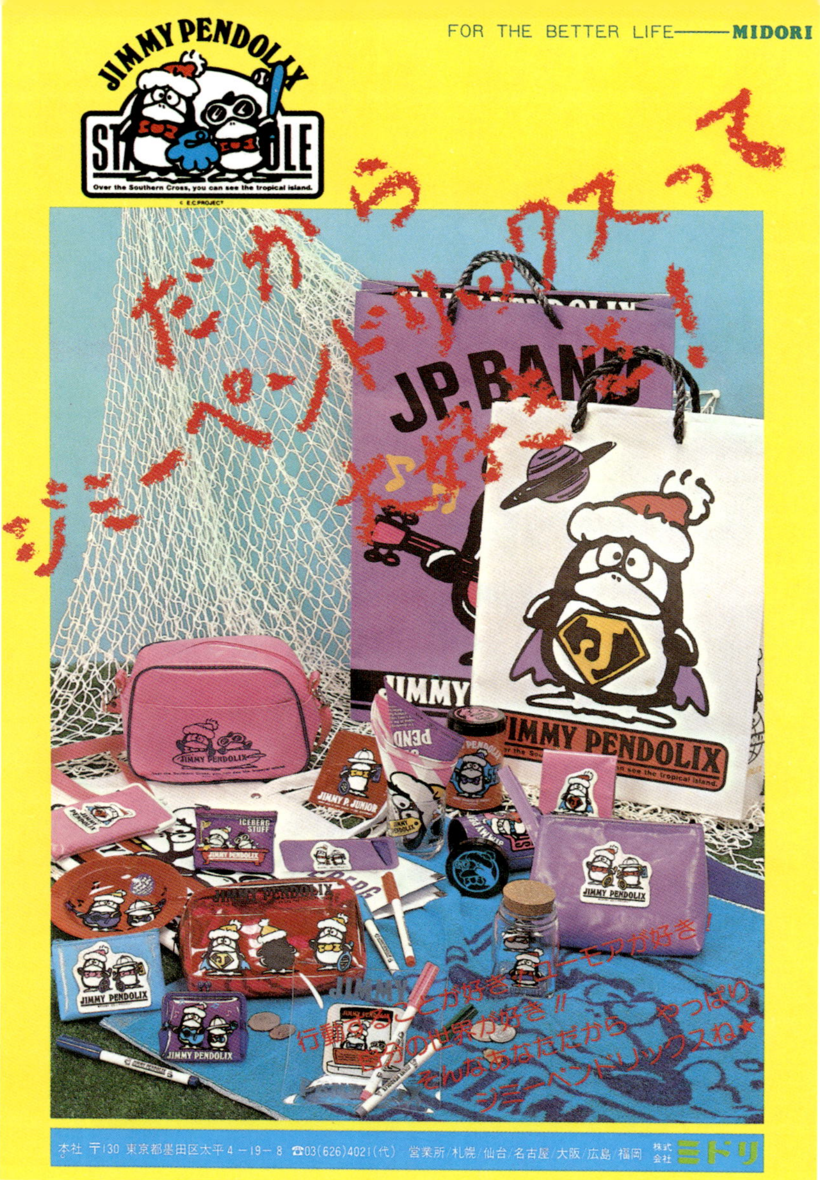
FOR THE BETTER LIFE——MIDORI
JIMMY PENDOLIX
Over the Southern Cross, you can see the tropical island.
© E.C.PROJECT
だからジミーペンドリックスって大好きさ！
JP.BAND
JIMMY PENDOLIX
行動することが好き ユーモアが好き！
自分の世界が好き!!
そんなあなただから やっぱり
ジミーペンドリックスね★
本社 〒130 東京都墨田区太平4－19－8 ☎03(626)4021(代) 営業所/札幌/仙台/名古屋/大阪/広島/福岡 株式会社 ミドリ

「だからジミーペンドリックスって大好きさ！」の手書き文字もかわゆい「ジミペン（ジミーペンドリックス）」単独の広告。アメリカナイズされている、洗練されたグッズの数々を見よ☆　ちょっぴり大人っぽいパープルやブルーを基調としたアイテムが多く、それまでのパステル調やビビッド＆ポップなファンシーグッズとは一線を画していたネ。

FOR THE BETTER LIFE——MIDORI
フレッシュギャル
集まれ!!
A FAVORITE DISH
A FAVORITE DISH
JIMMY PENDOLIX
ミ・ル・ク・テ・ィ・ー・ン!
株式会社 ミドリ
もよりのデパート、専門店、ファンシーショップでお買い求めください。
本社 〒130 東京都墨田区太平4−19−8 ☎03(626)4021㈹ 営業所 札幌/仙台/名古屋/大阪/広島/福岡

ともすると地味かもしれない。しかし！ 1981 年に誕生した「MILK TEEN」は、デザインも色の配色もじつにセンスが良い、非常に心に残るアニマルキャラなのである。後期は動物の種類も変わり、クレヨンタッチのイラストに変わるが、こちらは初期のレアなラインナップが見られる１枚。「フレッシュギャル、集まれ!!」

ヤングコクヨの仲間達は、春をみつけるのが早いんですよ。
というのも、いつも皆そろってゲームに、おしゃべりに
熱中しているもんだから、北風さえも巻きこまれて春の風に……。
なにかに夢中だと寒さなんか気にならないはず。
あなたは今、気持を集中するものを
持っていますか……？
SMILE SPRING
ひと足おさきに、春の気分。
Lonely Little Fox…………外出に
リルフォックスは自然とお友達。あなたに森や星のメッセージを伝えます。
GLOVES ¥1,800
SLIPPERS ¥2,000
MINI BAG ¥1,800
HANDKERCHIEF ¥150
PAPER BAG ¥220
KEY HOLDER ¥580
CANPEN CASE ¥280
COFFEE CUP & DISH ¥900
BUSH BOYS AIR SHIP
GLASS BOTTLE ¥360
MOTHER BAG ¥3,600
"BUSHBOYS…キッチンで
ブッシュボーイは陽気で楽しいわんぱくっ子達。
あなたにはほほえみを届けます。
LOVELY FIELD……旅に
ラブリーフィールドはメルヘンの世界。トコトコと
あなたを乗せて走ります。
APRON ¥1,500
TRAVEL SET ¥980
MINI SOAP ¥120
COIN PURSE ¥380
COIN BANK ¥600
CORK BOARD ¥1,200
CANDY POP……机まわりで
キャンディーポップはいつも一緒の仲よしグループ。
あなたをアッタカ〜イ気分にさせます。
CLOTH BAG ¥400
SMILE
ギフトは心のメッセージ。
気軽に、でも品選びには細かく心を
配って、タイミングよく贈りましょう。
ヤングコクヨ
YOUNG KOKUYO
〒537 大阪市東成区大今里南6丁目1番1号
コクヨ株式会社

全盛期は発行部数40万部を超えていた超人気占いマガジン、「MyBirthday（実業之日本社）」♡ 毎月コクヨのファンシーグッズの広告が載っていたので、食い入るように見ていたものだった。大人気だった「ロンリーリトルフォックス」「ラブリーフィールド」から「BUSH BOYS」「CANDY POP」…。王道のコクヨファンシー（ヤングコクヨ）の勢いを感じ取れる１枚。

数年前にとあるお店の棚の奥深くから、ホコリだらけだった「otto tot(オット・トット)」の布バッグを見つけたときはまさに「発掘」という感覚を覚えたが、当時はかくも多くのグッズがリリースされていたのだ! 当初は「LIVE IN HARMONY」というシリーズ名で、後にペンギンキャラが単独で分離され「otto tot」になった。

「LIVE IN HARMONY」は1981年に発売。以降、キャラの変遷はあったものの、数年間ヤングコクヨの主軸となった人気シリーズである。今見ても全く古さを感じさせないビビッド＆ラブリーなデザインに驚かされる。アイテムのラインナップも、文具も生活雑貨も網羅した、これぞ「ザ☆ファンシーグッズ」と言える充実ぶりだった♡

ファンシーグッズは、自分用に買うものでもあり、またお友だちへの贈り物という意味でも重要なアイテムだった。ゆかしなもんも、そんな昭和期の女子同士の贈り物文化に翻弄された一人であったが、ハンカチ、小物入れなどのマストアイテムの他にセンヌキ、カンキリまであったんか！とその選択肢は奥深い。オルゴールやスタンドは高額で買えなかった思い出。

明日、天気にいたします。
私は、ヘッドストロング。
愉快な仲間、ヘッドストロング。テルテル坊主に、かたつむりに、ムーン……
チョッピリがんこだけれど、いつも人なつっこく、みんなの注目を集めます。
この一年、何が起るか楽しみですネ。
ヘッドストロングもあなたの応援いたします。よろしく！
▼ペーパーバッグ ¥250
▲トラベルポーチ ¥600
▼ランチクロス ¥350
▲バインダー ¥750
▲レポート ¥100
Headstrong Bonze
▼布バッグ ¥720
▲札入れ ¥450
定規▼ ¥180
▼クシ ¥300
▼ハブラシセット ¥350
▲写真のクッション ¥2,000
◀ミニソープ ¥150
▲ソフトペンケース ¥480
ティッシュ▶ ¥50
▲レターセット ¥250
ON NIGHTS LIKE TONIGHT ALL THE "SUNNY-SIDE-UPS" ARE SURELY DANCING AWAY UP THERE. PYUN, PYUN. AND YOU CAN COUNT ON THE "HEADSTRONG MOON" HAVING HIS OWN CHEEKS FULL OF SUNNY-SIDE-UPS.
Headstrong Moon
MOON & EGGS
One day the Headstrong Star showed up at the Headstrong Moon's place.
Ha,ha,ha,ha.. Boy, are you fat!
Gobble, gobble mmmm, It's delicious.mmm.
Patience, patience.
THE END
Everyday, the Headstrong Star continued to eat his eggs sunny side up. And, as he kept getting fatter and fatter, he fell right out of the sky. "It was a pity he had no patience," mumbled the moon at his own pace.
HEADSTRONG
チェスト▶ ¥480
▲アクセサリーケース ¥400
▲小物バッグ ¥380
湯のみ▶ ¥350
▲レターラック ¥500
ガラスコップ▶ ¥430
ウォールラック▶ ¥300
▼カン小物入れ（角） ¥550
▲テレフォンリスト ¥450
カン小物入れ▶（だ円） ¥530
クリスマス情報大募集！
今年のクリスマスには、あなたはどんなパーティーや贈り物をするのですか？
Ⓐパーティーは何人ぐらいで、どんな内容ですか？
Ⓑ贈り物は何を予定していますか？
Ⓒまた、予算はいくらですか？
Ⓓその他、クリスマスで計画されていることならなんでもお聞かせください。
以上を官製ハガキにまとめてご応募ください。
●抽選で30名の方にステキなプレゼントを進呈いたします。
●そして、住所・郵便番号・名前・年令・学校名もお忘れなく。
●しめ切りは昭和57年12月末日〆。
●発表は商品の発送をもって替えさせていただきます。
くらしに愛のふれあい
YOUNG KOKUYO
コクヨ・ヤング商品事業部(MB係)
〒537 大阪市東成区大今里南6丁目1番1号

1981年にデビューした「ヘッドストロング」。てるてる坊主＆かたつむり、目玉焼きが好きなお月様＆お星様の、それぞれのコンビが織りなすコミカルな世界。この絶妙な淡さのブルーとイエローのカラーリングは「ヘッドストロング」ならではだったね。ウォールラックにレターラック、布バッグ…昭和の女の子グッズあるあるの宝庫で嬉しくなっちゃう！

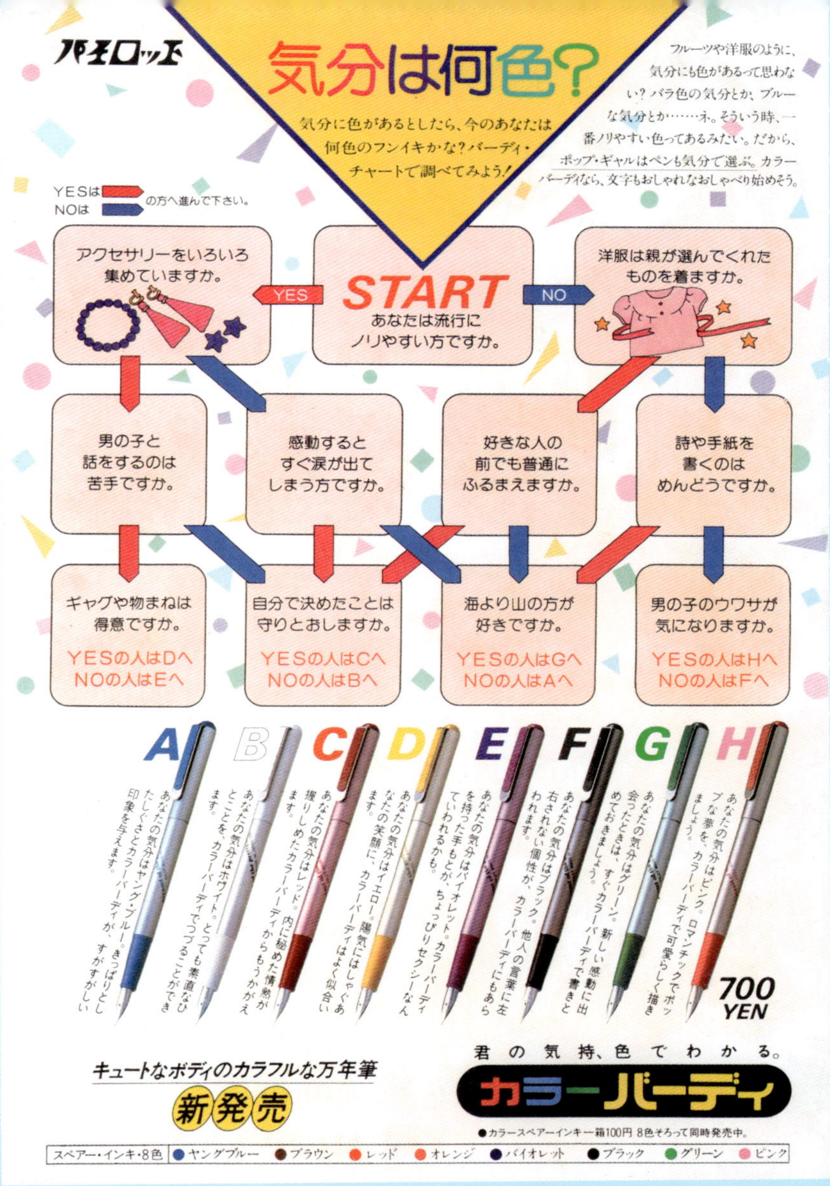

パイロット
気分は何色?
気分に色があるとしたら、今のあなたは
何色のフンイキかな?バーディ・
チャートで調べてみよう!
フルーツや洋服のように、
気分にも色があるって思わない? バラ色の気分とか、ブルーな気分とか……ネ。そういう時、一番ノリやすい色ってあるみたい。だから、
ポップ・ギャルはペンも気分で選ぶ。カラーバーディなら、文字もおしゃれなおしゃべり始めそう。
YESは
NOは
の方へ進んで下さい。
START
あなたは流行に
ノリやすい方ですか。
YES
NO
アクセサリーをいろいろ
集めていますか。
洋服は親が選んでくれた
ものを着ますか。
男の子と
話をするのは
苦手ですか。
感動すると
すぐ涙が出て
しまう方ですか。
好きな人の
前でも普通に
ふるまえますか。
詩や手紙を
書くのは
めんどうですか。
ギャグや物まねは
得意ですか。
YESの人はDへ
NOの人はEへ
自分で決めたことは
守りとおしますか。
YESの人はCへ
NOの人はBへ
海より山の方が
好きですか。
YESの人はGへ
NOの人はAへ
男の子のウワサが
気になりますか。
YESの人はHへ
NOの人はFへ
A
あなたの気分はヤング・ブルー。きっぱりとしたしぐさとカラーバーディが、すがすがしい印象を与えます。
B
あなたの気分はホワイト。とっても素直なひとことを、カラーバーディでつづることができます。
C
あなたの気分はレッド。内に秘めた情熱が握りしめたカラーバーディからもうかがえます。
D
あなたの気分はイエロー。陽気にはしゃぐあなたの笑顔に、カラーバーディはよく似合います。
E
あなたの気分はバイオレット。カラーバーディを持った手もとが、ちょっぴりセクシーなんていわれるかも。
F
あなたの気分はブラック。他人の言葉に左右されない個性が、カラーバーディにもあらわれます。
G
あなたの気分はグリーン。新しい感動に出会ったときは、すぐカラーバーディで書きとめておきましょう。
H
あなたの気分はピンク。ロマンチックでポップな夢を、カラーバーディで可愛らしく描きましょう。
700
YEN
キュートなボディのカラフルな万年筆
新発売
君の気持、色でわかる。
カラーバーディ
●カラースペアーインキ一箱100円 8色そろって同時発売中。
スペアー・インキ・8色 ● ヤングブルー ● ブラウン ● レッド ● オレンジ ● バイオレット ● ブラック ● グリーン ● ピンク

1982 年に発売された、カラフルな 8 色の万年筆「バーディ」♡ 女の子向けのガーリーな万年筆に当時めちゃくちゃ憧れて、これで日記やおてまみを書くのが夢だった！ チャート式で気分に合ったカラーが選べるのも 80 年代的。付属のインクの色もカラーなのが、さらにときめく。カラフルな 80 年代という時代にぴったりの楽しい万年筆。

Love is innocent.
ドキ、ドキ、ドキッ。
●写真のランチクロス¥350
贈り物のコツは心をこめて……
だからホットなハートがそのまま届くように、と考えました。
LOVE is innocent. ほら、
〝私の愛はまじりっ気なし〟よっていうメッセージまでついてます。
贈ってウキウキ、贈られてほのぼの——
そういえば、バレンタインデーも近いわね。
▲サンドイッチケース¥300
◀ガラスコップ¥400
ロケットキーホルダー▼¥250
ハートコーム▼¥280
▲ティッシュ¥50
▲ランチケース(大)¥350
▲ソーイングセット¥480
◀時計¥4,000
スタンドミラー▶¥650
鉛筆¥50▼
◀貯金箱¥500
▲カンペース¥350
▲消しゴム¥50
◀メモ¥180
◀ペアノート¥600
▲ファンシーケース¥650
▲ファンシーケース¥500
▲ノート¥200
◀ペンスタンド¥350
▲レターセット¥350
あなたのメッセージ大募集!
彼、もしくはお友達にあなたがプレゼントする時、メッセージカードにどんな「ひと言」を書きますか? さのきいた「ひと言」を待っています。よろしくネ。
官製ハガキにまとめてご応募ください。
●抽選で30名の方にステキなプレゼントを進呈いたします。
●そして、住所・郵便番号・名前・年令・学校名もお忘れなく。
●しめ切りは昭和58年1月末日〆。
●発表は商品の発送をもって替えさせていただきます。
くらしに愛のふれあい
YOUNG KOKUYO
コクヨ・ヤング商品事業部(MB係)
〒537 大阪市東成区大今里南6丁目1番1号

80年代はキャラクター戦国時代ともいえる時代だったが、キャラのないモチーフもの、パターンもの（ノンキャラ系）も確実に人気があった。真っ赤なハート形モチーフがラブリーな「LOVE is innocent.」シリーズは、赤＆白のカラーリング、ハート形のかわいさがシンプルでいて、それが最強にかわいい♡ モデルのカップルのセーターも80年代感！

私は声を大にして言いたい、「ヤングコクヨに『POPPO WEAR』あり！」と。「3：00P.M.」のロゴ（別の時間のパターンも多数あり）がシンボリックな、牛の女の子とカバの男の子の日常を描いたシリーズだが、こちらもコクヨファンシーらしい控えめなポップさで人気を博した。「WHITE MESSAGE」の品の良さも、コクヨならではと言えるだろう。

おっはようっ。ルー〜。
GOOD TASTE
LOU BEAR
LOU BEAR
LOU BEAR
LOU BEAR
初登場、くまのルーくん。
あんまりオシャベリじゃあないけど、聞き
上手。朝のねむ〜いお顔のあなたからだっ
て明るい声を引き出してしまうルーくん。
一日の終りには、あなたの声にじっと耳を
傾け、ホノボノ気分にさせてしまうルーくん。
ルーくんで始まるあなたの一日は、今まで
とは違った楽しさにあふれることでしょう
…… どうぞヨロシク、ルーくんを。
ルー・ベアーの商品プライス
❶小物入れ￥1,600 ❷貯金箱￥480 ❸小物入れ￥1,380 ❹ソルト&ペッパー￥980 ❺シュガーポット￥1,280 ❻ミルクマグ￥750 ❼パン皿￥900 ❽カップ&ソーサー￥1,000 ❾スプーン￥360 ❿ミルクピッチャー￥480
クリスマス情報大募集！
あなたはクリスマスプレゼントに
①何を贈りますか?
②どんなメッセージを添えますか?
③何を贈られたいですか?
以上を官製ハガキにまとめてご応募ください。
●抽選で30名の方にステキなプレゼントを進呈いたします。
●そして、住所・郵便番号・名前・年令・学校名もお忘れなく。
●しめ切りは昭和58年10月末日〆。
●発表は商品の発送をもって替えさせていただきます。
くらしに愛のふれあい
YOUNG KOKUYO
コクヨ・ヤング商品事業部(MB係)
〒537 大阪市東成区大今里南6丁目1番1号
●商品の通信販売は致しておりません。

陶器でできた「くまのルー」シリーズは、文房具ではなくティータイム関連の商品で固められていたようだが、デザインや造形が凝っていることに感動してしまう☆ バスタブ形のものはなんとシュガーポットだったり、パン皿もお布団がモチーフになっていたりと、ファンシーマニアを狂気乱舞させるクオリティの高さ！ ああ〜全部欲しい♡

プロ野球や高校野球の人気が背景にあったと思うが、80年代はスポーツ×ファンシーの親和性が高く、とくに野球やサッカーモチーフのファンシーグッズが多かった！「ウイニングポスト」はユニホームを着たかわいい動物たちの野球（またはサッカー）チームがメインだが、ほかにもバレーボール、バスケットボールなどのパターンも生まれた。

この「ピンナップハート」を覚えている人、いるかな？（いたら嬉しい！） ゆかしなもんが個人的に大好きだったノンキャラもの。ハートをピンナップしているモチーフと、ピンを並べたようなロゴに、なぜかほのぼの温かいものを感じて、お気に入りだったのだ♡ 平面デザインもかわゆいけど、オルゴールとかブローチの3Dのグッズがたまらなくイイ♫

ポスターカラーをマーカーにすると、
ポスカになります。
発色が新しい、使いやすさが新しい。ユニークなマーカーが生まれました。
このユニポスカは、特殊水性顔料を採用した水彩マーカーです。
従来の水性インクと異なり発色がポスターカラーのように
あざやかで、そのうえ耐水性や耐光性にもすぐれています。
カラーを使いこなしましょう。青春グラフティ。
ポスターやイラストといえば、ポスカの出番。紙ににじまず、色ムラなく上手に彩色できます。乾けば、重ね書きもできます。
不透明で隠ぺい力があり、黒い下地、どんな材質のものにも、美しく彩色できます。オリジナリティをマイ・グッズに。
34
耐水性、耐光性にすぐれています。水に流れず長期間色あせません。
パート求む
誰にでも個性がある。どのチームにもカラーがある。そこで、ポスカです。案内、報告、表示に、掲示――カラーが効きます。
水に強く、異臭もありません。どんなところにでも安心して使えます。多感なハートから、どんなアートが生まれるか。
76
uni
POSCA
不透明＋水性＋顔料インク
ポスターカラー マーカー
中字
新発売
インク色●黒・白・赤・桃・青・水色・緑・黄緑・黄・山吹・橙・紫・灰・肌色・茶
木、金属、ガラス、プラスチックなどにも美しく彩色できます。乾けば重ね書きもできます。
モーニングタイム
AM 9:00～
AM 11:00まで
品番●PC-5M 線巾●1.8mm～2.5mm ペン芯●丸芯 スライバー（アクリル）
中字(15色)・1本¥200
品番●PC-8K 線巾●4.0mm～8.0mm ペン芯●角芯 スライバー（アクリル）
太字(15色)・1本¥250
発泡スチロールなど溶剤に侵されるものにでも、水性だから安心。柔軟な頭脳を、カラフルに使いましょう。
USA
不透明＋水性＋顔料インク
ユニ ポスカ
三菱鉛筆株式会社

今や私たちの生活に当たり前のように馴染んでいる「ポスカ」も、80年代イノベーションの産物（1983年）だった☆ 顔料を使用しているので発色が良く、水性インクなのにあらゆる素材に描けるという優れた特性で、授業で大活躍！ 学生たちの創作意欲をかき立て、描くことの楽しさや可能性を広げてくれたよね。使用例を説明した、初期の楽しい広告♫

80年代は、主要な文房具メーカーがこぞってファンシー文具事業を手がけていたが、かのぺんてるもオリジナルキャラをプロデュースしていたとは！「DJ DRAGON」はFM局の人気DJのドラゴンが主役☆ ゆる～いイラストや音楽がモチーフのデザインがなかなかかわいいけど、どうしてそこに赤ちゃんがいるのか、ものすごく謎だわ～！

NEW HIT ITEM FOR NEXT SEASON

BE FINE TOMORROW!

YOUNG KOKUYO

あったかいあしたに、な・あ・れ

陽だまりみたいに、やさしいね。
おまもりみたいに、うれしいね。
合言葉はBE FINE TOMORROW!
なんだか、夢ひとつもった気分。
これでもう
つめたい風にいじわるされたって
へっちゃらよ。あしたはきっと
いいことあるわ!

❶モーニングセット¥580❷カン小物入れ¥550❸カンボックス¥880❹ソーイングセット¥780❺札入れ¥880❻パスケース¥600❼フラワーポット¥500❽くつ下形巾着¥180❾フォトスタンド¥380❿コインパース¥480⓫ミニガラスボトル¥200⓬サンドイッチケース¥300⓭ランチケース(シキリ・大)¥350⓮フォーク¥220⓯ハシ箱¥300⓰プラスチックコップ¥300⓱ランチクロス¥350⓲ランチバック¥200⓳弁当袋¥550⓴コップ入れ¥300

ホッと情報大募集

★あなたが、ホッとする時って、何をしている時ですか?
●お答えいただいた方の中から抽選で30名の方に、ステキなプレゼントを進呈します。
官製ハガキに、お答えと、郵便番号、住所、氏名、年齢、学校名をハッキリ書いて、昭和60年1月31日までにお送りください。発表は商品の発送をもって代えさせていただきます。

コクヨ・ヤング商品事業部(MB係)
〒537 大阪市東成区大今里南6丁目1番1号

コクヨのファンシーライン、ヤングコクヨのノンキャラものでは、こちらの「BE FINE TOMORROW!」も忘れがたい!パステルカラーの靴下や毛糸のトリオで、後にはTシャツ柄のデザインも存在した。柔らかい色使いは、まさに「陽だまりみたいに、やさしいね。」♡この温かさに、往年のコクヨファンシーの真髄を見た気がする。

シャイであったかい仲間たち！

ドラゴンファミリー/B5ノート・レターセット・メモパッド・鉛筆・シャープペン・消ゴム・ライティングパッド・ビニールバッグ(L・S)・カード下敷

1丁目いち番長/B5ノート・レターセット・メモパッド・鉛筆・シャープペン・消ゴム・カンペンケース・ビニールバッグ・ペーパーバッグ・レポートパッド・ミニノート

友達になろうよ。

ステキなカレ…わたしのBFにしたい。

ピカピカアイドルズ/B5ノート・レターセット・鉛筆・消ゴム・カンペンケース・ライティングパッド・スパイラルメモ・ペーパーバッグ

わたしのお気に入りの場所！

キスタイト/B5ノート・レターセット・シャープペン・カンペンケース・ペーパーバッグ

ぺんてる株式会社　(ファンシー部)　〒101 東京都千代田区東神田2-1-6　TEL03(866)6161㈹

名門文具メーカー、ぺんてるが手がけたオリジナルキャラ、ノンキャラが一堂に！ これはレアな広告かもしれない…。この中では「1丁目いち番長」がうっすら記憶に残っていたりするが、有名になれなかったキャラも、なんだか全部愛しいよね。日本中のティーンの女の子がファンシーグッズの魔法にかかっていた80年代ならではの遺産。

いっただきまぁす！
ランランラン、ランチシリーズ勢揃い。
WINNING POST
ストローポッパー（大）
￥2,200
さくら小学校
とみこさん
プラコップ￥250
ランチケース（筒型2段）
￥850
SABOTEN BOY
STAR DROP
CONTINUOUS AS SHINE AND TWINKLE
THE STARS THAT ON THE MILKY WAY
ランチケース（密閉式）
￥1,000
ハシ箱￥280
PETER&18BEARS
Salad Girl
LUNCH BOY
シールポット（小）
￥380
おしゃべりはずむランチタイム。今日のメニューは、なに？ なに!?とにかく陽気なランチシリーズ。個性豊かなかわいいキャラクターでおしゃべりもますますスキップ。毎日がピクニック気分です。さぁ、君はどのキャラクターでランチタイム？
LUNCH SERIES
ランチケース・ランチクロス・弁当袋
ハシ箱・フォーク・筒型ランチケース
ストローポッパー・ストローボトル
ハンディポット・シールポット
プラコップ・コップ入れ
アクセサリー情報大募集
❶あなたはどんなアクセサリーがお気に入りですか？
❷アクセサリーの買える価格の範囲はいくらまで？
❸いくつ位もっていますか。
●お答えいただいた方の中から抽選で30名の方に、ステキなプレゼントを進呈します。官製ハガキに、お答えと、郵便番号、住所、氏名、年齢、学校名をハッキリ書いて、昭和61年4月10日までにお送りください。発表は商品の発送をもって代えさせていただきます。
コクヨ・ヤング商品部（MB係）
〒537 大阪市東成区大今里南6丁目1番1号

ファンシーグッズ＝ステーショナリーだけじゃない☆ ランチアイテムの充実は、80 年代ファンシーの特徴の一つ。よく見ると、昭和レトロな「さくら小学校」や、渋ファンシーの代表格とも言える「SABOTEN BOY」、「STAR DROP」がラインナップされているのが嬉しい。ランチタイムは、好きなキャラグッズを堂々と広げられる楽しい時間だったよね♡

私たちスタードロップシリーズです
YOUNG KOKUYO
STAR DROP
パステル派
STAR DROP
CONTINUOUS AS SHINE AND TWINKLE
THE STARS THAT ON THE MILKY WAY
宣言!
咲いた咲いたパステルカラー、並んだ並んだ夢の色。 文具からファンシーグッズまで、ズラリ揃ったスタードロップシリーズ。 選んで、コーディネイトして、毎日ワクワク気分です。
❶ガラスボトル(大)¥680❷ガラスボトル(小)¥480❸化粧水容器¥150❹バインダー¥600❺ルーズリーフ¥200❻アルバム¥350❼スタンドミラー¥680❽ミニミラー¥280❾ツメ切り¥380❿ハブラシセット¥400⓫ハブラシキャップ¥50⓬ハブラシ¥180⓭小物入れ¥280⓮ミニソープケース¥180⓯クリーム容器¥120⓰クシ¥300⓱ヘアーブラシ¥500⓲ダブルミラー¥450⓳フォトスタンド¥280⓴ハンカチ(16インチ)¥250㉑スケジュールノート¥350㉒ノリ¥100㉓小物入れ¥480㉔ミラーチェスト¥750㉕ノート¥100㉖レターセット¥300㉗デスクトレイ¥250㉘定規¥100㉙鉛筆¥50㉚シャープペンシル¥100㉛カッター¥100㉜ハサミ¥400㉝ボールペン¥100㉞消しゴム¥50㉟替え芯¥100㊱ステープラー¥180
ファッション情報大募集
①あなたの大好きな洋服のブランド、メーカーは?
②そのブランド、メーカーが好きな理由は?
③洋服代に毎月いくら使いますか?
●お答えいただいた方の中から抽選で30名の方に、ステキなプレゼントを進呈します。
官製ハガキに、お答えと、郵便番号、住所、氏名、年齢、学校名をハッキリ書いて、昭和61年2月10日までにお送りください。発表は商品の発送をもって代えさせていただきます。
コクヨ・ヤング商品部(MB係)
〒537 大阪市東成区大今里南6丁目1番1号

あえて言おう、この「STAR DROP」シリーズこそが '80sファンシー・ノンキャラ界至高の名品であると! ノンキャラを突き詰めれば、「色」にたどり着く。まるでキャンディのような色みや透明度は、まさに「夢の色」だった。ノンキャラなんだけど、じつは小さいお星様のキャラがちょこんといたりして、その奥ゆかしさにもときめいちゃうの☆

便利に使って26ウキウキ気分
ALPHA KIDS
フレッシュ!!
あなたに必要なビタミンは…?!
ビタミンAからZまで26種、新発売!!
みてみて〜!アルファベットが変身している!
ビビッドカラーのカラフルなアルファベットがハサミやテープカッターなどの文具、コンパクトやジュエルボックスなどなど、おしゃれな女の子グッズに大変身!
持っているだけでウキウキ気分になっちゃうの!
美容と健康のために、lovely なビタミンはいかが…!?
コンパス ¥480
えんぴつやボールペン、お好きなものをセットして○描きましょ!
コンパクト&リップ ¥680
リップはかわゆいパールピンク!
クシだってついてるのよ!
アドレス ¥480
もちろん、見たい所がすぐ出せるスライド式のインデックスつきヨ!
カラーペン ¥680
赤・青・黄のビビット3色セット。
本体にセットして使ってネ!
MENU
アルファキッズ特製!
AからZ、よりどりみどりのカラフルメニュー
A コンパス ¥480
B ハサミ ¥680
C パンチ ¥780
D テープカッター ¥480
E ホッチキス ¥680
F メジャー ¥680
G カットパン ¥480
H ツメキリ ¥680
I クリップ&ピン ¥380
J ミニライト ¥680
K ソーイングセット ¥680
L アドレス ¥480
M シャープナー ¥480
N ツメミガキ ¥680
O コンパクト&リップ ¥680
P ウオッチ ¥1,200
Q シャープペン&ケシゴム ¥680
R ミニラジオ ¥1,200
S カッター&ヤスリ ¥680
T ノリ ¥380
U マニキュア ¥780
V ドライバーセット ¥680
W メモホルダー ¥680
X ジュエルボックス ¥480
Y エチケットブラシ&クツベラ ¥580
Z カラーペン ¥680
イニシャルセット
彼のイニシャルをいつもそばにおいておくと、おもわずニッコリしてしまうのだ!
メッセージセット
LOVE、WITH…あなたの真心つたえちゃいましょ!
なんでもセット
BUTA、OKとか…あなたのアイディアでいろんなセットつくってネ!!
EPOCH
エポック社 東京都台東区駒形1-12-3 〒111 TEL03(843)8811代
※掲載の商品の価格は、標準小売価格です。
※商品のデザインは、一部変更する場合があります。

サラダみたいな広告が可愛い！ 80年代に突如流行した「変形文房具」だが、「ポケットザウルス」（バンダイ／ P196）が男の子テイストならば、こちらの「アルファキッズ」は女の子向け♡ ビタミンカラーのビビッドなカラーリングもかわいいし、プロダクトデザインの極みともいうべき計算し尽くされたデザインは、今こそ評価されるべき逸品では。

NTV系で絶賛放映中!
ノートに下敷・ペンシルケース。
机の上はRANZE商品で花ざかり!
あなたも全部そろえて
ときめいちゃお!
ときめき
トゥナイト
©池野恋・集英社・東宝
★ノート(B5判) ¥250
★缶ペンシルケース ¥350
Ranze イキイキ
ときめき Goods
★下敷 ¥200
SEIKA NOTE CO.LTD.,
本社:東京都墨田区吾妻橋2-17-4 電話 03(625)7601代 〒130
*当社では、通信販売はしておりません。商品のお求めは、デパート、文具店、ファンシーショップでお買い求めください。

親子三世代にわたって読まれている名作少女漫画「ときめきトゥナイト」(池野恋作)の素晴らしさは言うまでもないが、原作とはまるで違うとされたアニメ版(1982年)も、すごく好きだった♡ 人気の余波でアニメ絵グッズが出ていたときの広告。原作絵とはまた違った独自テイスト&謎ファッションだが、江藤蘭世ファンとしてはすごく嬉しかったのだ。

DOCK OPEN 6 AM 6 PM
PAYING FISHERMEN & EMPLOYEES ONLY PAST THIS SIGN
すきとおりたいな、ミント。
みずみずしいあなたのスクーター、ヤマハミントです。ミントカラーが、すっごく新鮮。のびやかな乗り心地、軽やかな走り、かわいらしいルックス。今日から、新しい朝が始まります。ミントといっしょなら、やわらかな気分に包まれて、とっても自分に素直になっちゃいます。あ、気持ちがすきとおってる。さわやかに、ミント。こんなときめき、初めてです。
ヤマハ・ミント 新発売
mint
標準現金価格SH50(6月発売予定)¥83,000 SH50E ¥93,000 SH50ED ¥96,000(北海道・沖縄を除く。) 2サイクル49cc4.3ps/6,000r.p.m.
HAVE A NICE RIDE! ナイスライディングをよろしく。
■ヘルメットを必ずかぶりましょう。■技能講習を受けましょう。■自賠責保険をお忘れなく。
YAMAHA
ヤマハ発動機株式会社
〒438 静岡県磐田市新貝2500 TEL 05383(2)1111

80年代、原付スクーターは気楽に乗れる乗り物として人気が沸騰！ ヤマハ「ミント」は1986年に発売になった、パステルカラーの50ccスクーター。女性をターゲットにした、小回りの利く小さめの車体&爽やかなミント色がなんともキュート♡ いつか大きくなったら、かわいいスクーターに颯爽と乗ってみたいなあ、ってずっと夢見ていたなあ。

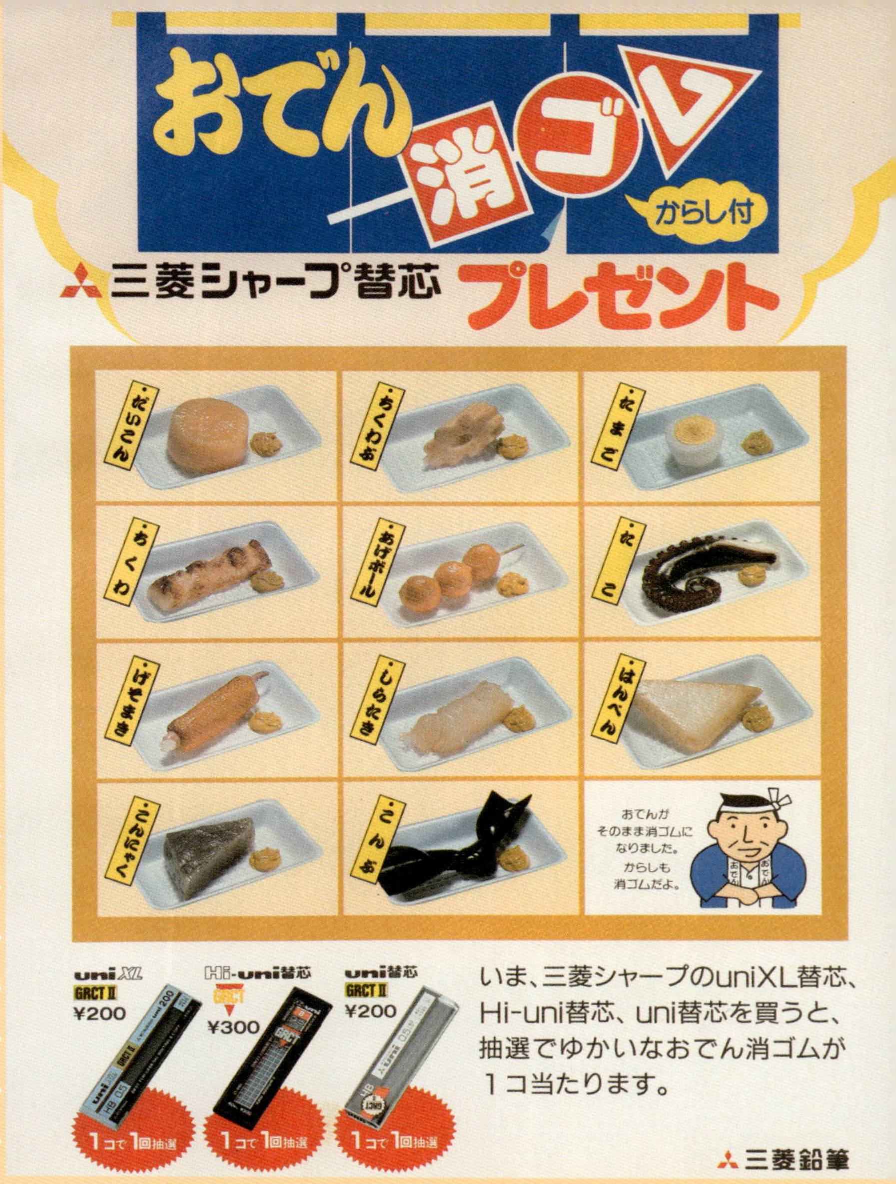

80 年代の三菱鉛筆のシャープペンシル替芯のプレミアムグッズは、かなりエッジィなラインナップだった。1985 年の「カップ麺消しゴム」に続いたのが、この「おでん消ゴム」（1986 年）☆ リアルな具材に、からしまで付いた本格派！ 翌年の「かみつきばあちゃん」も大人気で、常に予想の斜め上を行くセンスが素晴らしかった。

CITIZEN
I LOVE YOUより、愛したい。
笑顔を見ていたい気持ちより、
目をふせた横顔の理由を知りたい…。
そこから始まるかも
私の、新しい次のひとつが——。
19才のNEXT-TRAD。シチズン ライトハウス。
❶LHA46-9942
¥18,000
❷LHA47-9942
¥17,500
❸LHA46-9851
¥16,000
❹LHA47-9851
¥15,000
❺LHA46-0062
¥18,000
❻LHA47-0062
¥18,000
The
THE TOUCH OF TENDERNESS
Lighthouse
CREATED BY CITIZEN
《共通仕様》●精度(常温携帯時)月差±20秒以内●電池寿命約2年(LHA)●1年間メーカー保証、保証書は記入事項ご確認の上、お受け取りください。●価格は標準小売価格。●あらかじめ時計にセットされている電池は機能を確認するためのモニター
●電池交換は時計販売店で。●製造元:シチズン時計株式会社・発売元:シチズン商事株式会社 〒163 東京都新宿区西新宿2-1-1 新宿三井ビル内 パンフレットご希望の方は 〒110 東京都台東区東上野2-18-5 シチズン商事㈱PR部C係までハガキ

なんとドラマチックな広告！ キャッチコピーに「19才のNEXT-TRAD」とあるように、高校を卒業して初めて手に入れた腕時計が「ライトハウス」だったという人も多いはず（私はPERSON'Sだったが）☆ シンプルかつトラディショナル、それが愛される理由。ここにはないが、ムーンフェイズモデルはドラマ「東京ラブストーリー」で赤名リカが着けていた。

JOYFUL STATIONERY CLUB
Let's All Have A Good Time.
We Love CHATTY Forever.
Chatty
チャティに、のせられそう。
We Love CHATTY Forever.
STATIONERY GOODS
Chatty
code : 87110
Let's All Have A Good Time.
かわいいボディに、遊びごころいっぱい。
カラフルな乗りものが、
あっという間にステーショナリーに変身。
街の人気もの、チャティです！
はさみ ￥500
カッター ￥300
テープラー ￥600
メジャー ￥500
JOYFUL STATIONERY CLUB
CUTTER
SCISSORS
●カラーは、各商品ともレッド、イエロー、グリーンの3色
新学期ほしいもの情報大募集
♥あなたがこの新学期に買いたいと思うものを3つあげてください。
●お答えいただいた方の中から抽選で30名の方に、ステキなプレゼントを進呈します。
官製ハガキに、お答えと、郵便番号、住所、氏名、年齢、学校名をハッキリ書いて、昭和63年2月29日までにお送り下さい。発表は商品の発送をもって代えさせていただきます。
※通信販売はいたしておりませんので、お近くの販売店でお買い求めください。
●アンケートお送り先
コクヨ㈱・パーソナル製品部(MB係)
〒537 大阪市東成区大今里南6丁目1番1号

こちらも昭和期「変形文房具」の仲間とも言える、乗り物形のステーショナリー「チャティ」。元気の出るカラーリングに遊び心あふれるデザイン♡ とくに劇的なトランスフォームを遂げるわけでも使い勝手がいいわけでもないが、そのフォルム自体が無条件にかわいい！ テンションが上がるというだけで、女の子にとってはもう十分なのである。

エルの里中満智子先生
おりがみって
ステキな思い出をつくることなのネ。
だから、忘れられないし、すばらしいことだと
思う。
風せん、ヤッコ、ほかけぶね……
そのほかに信じられないくらいたくさんの
おりかたがあるんですね。
2つにおって、またおって、
それから裏にかえしてまたおって……
むかし、お母さんがよくおしえてくれました。
トンボがいっぱいの秋の一日、
クルクルまわしていた赤い風ぐるまのこと……
どうしておぼえているのかしら。
あなたもステキな思い出をつくってください。
カードつき
おりがみ
好評発売中
ショウワノート

ジャパニーズ・トラディショナルホビー「おりがみ」×華麗なる少女漫画の融合！ 優美＆ファッショナブルな里中満智子先生のイラストカードが付いた70年代テイストあふれるおりがみセットは、女の子なら買わない理由はない♡ ちなみに「エル」とは、キャラクターの女の子の名前。

モコリン
デコリン
あなたならどう使《つか》う?
HAVE A NICE HOBBY
ハブ・ア・ナイス・ホビー
モコモコふくらむふしぎペン!
モコリンペン
紙《かみ》や布《ぬの》に書《か》いてドライヤーであたためたら、あら不思議《ふしぎ》! モコモコっと絵《え》や文字《もじ》がふくらみます。せんたくしてもだいじょうぶ。あなただけのハンカチやT《ティー》シャツ作《づく》りにチャレンジしてみませんか?
ドライヤーでふくらみます
MY DEAR BLACK SHEEP
Yours MAKI
merry X'mas
BIRTHDAY
●モコリンペン スタンダード
●モコリンペン ニューカラー
●モコリンペン ケイ光カラー
標準小売価格
各1,500円
●モコリンペン えのぐセット
キラキラつやつやおしゃれペン!
デコリンペン
紙《かみ》や布《ぬの》はもちろんプラスチック、ビニールにも書《か》けます。約《やく》1時《じ》間《かん》そのままかわかすだけでOK。キラキラとつやのあるインクがとってもおしゃれ。あなたはどんなアイデア作品《さくひん》を作《つく》るかな?
自然乾燥《しぜんかんそう》でOK!
約《やく》1時間《じかん》
My Name is HA・NA・KO
WEEK END
標準小売価格
各1,500円
●デコリンペン スタンダード
●デコリンペン ラメカラー
たのしい遊びのクリエイター
TOMY
株式会社トミー
本社 〒124東京都葛飾区立石7-9-10
TEL 03(3693)1031(大代表)
トミーの
おもちゃは、
買えます。
TOY
※掲載商品の価格はすべて標準小売価格(消費税別)です。全国の有名デパート、玩具店でお求めください。

80年代に入り、書くとふちどりになるペン、香り付きのペン、色が消せる不思議なペンなど、様々な文具テクノロジーに驚かされてきたが、こちらの「モコリンペン」(1988年発売)は書いた部分をドライヤーで温めると、インクの部分がモコモコと膨らむというもの。そういえば、「モコリンペン」で書かれた年賀状が友だちから届いたっけ～☆

PIONEER
Touch and Kiss
ランナウエイに触れると、ステキな
世界がキッスをくれる。
こちら、買った人だけウレシクなる。
(9月10日〜12月31日)
Touch & Kiss
Runaway
タッちゃんキッス。
Runaway Mini
パイオニア ポータブルステレオ ランナウエイ・ミニ
SK-Q10新発売 ¥32,800
小さなボディに、いい音をギュギュッと濃縮。ランナウエイ・ミニSK-Q10、パイオニアから新発売。タテ9.8cm、ヨコ24.9cm、オクユキ3.8cmのコンパクトサイズ。キャップを取った口紅と同じぐらいの背たけ。ローズレッド、メタリックシルバー、マリーンブルー、ブラックの4タイプで登場です。重さは、たった780g。片手で軽く持てちゃって、どこへでもつれて歩けるという性格。おまけに、いまこのミニに関係した人に素敵な世界をプレゼント中です。SK-Q10にタッチして、うれしい世界にキッスする。誰よりもいい音を、誰よりもカンタンに楽しんでごらん。音楽濃縮ミニ、パイオニアから。
●カタログは、ハガキに住所・氏名・年令・性別・ステレオの有無をご記入のうえ、〒142東京都品川区荏原郵便局私書箱40号パイオニアカタログセンター ミスヒーロー P-12係へ
カラーだって、音楽の一部なんだ。————というわけで●ローズレ
●メタリックシルバー●マリーンブルー●ブラックのSK-Q10カラー4タ

'80sな雰囲気の女の子4人が持っている、かわいいサイズのラジカセ！ シャネルズの名曲「ランナウェイ」がCMソングのラジカセ、その名も「ランナウェイ」(パイオニア)。そのMINIサイズ版の広告。「Touch and Kiss(タッちゃんキッス。)」というキャッチコピーや、「カラーだって、音楽の一部なんだ。」の言い回しも、いかにも80年代だね♫

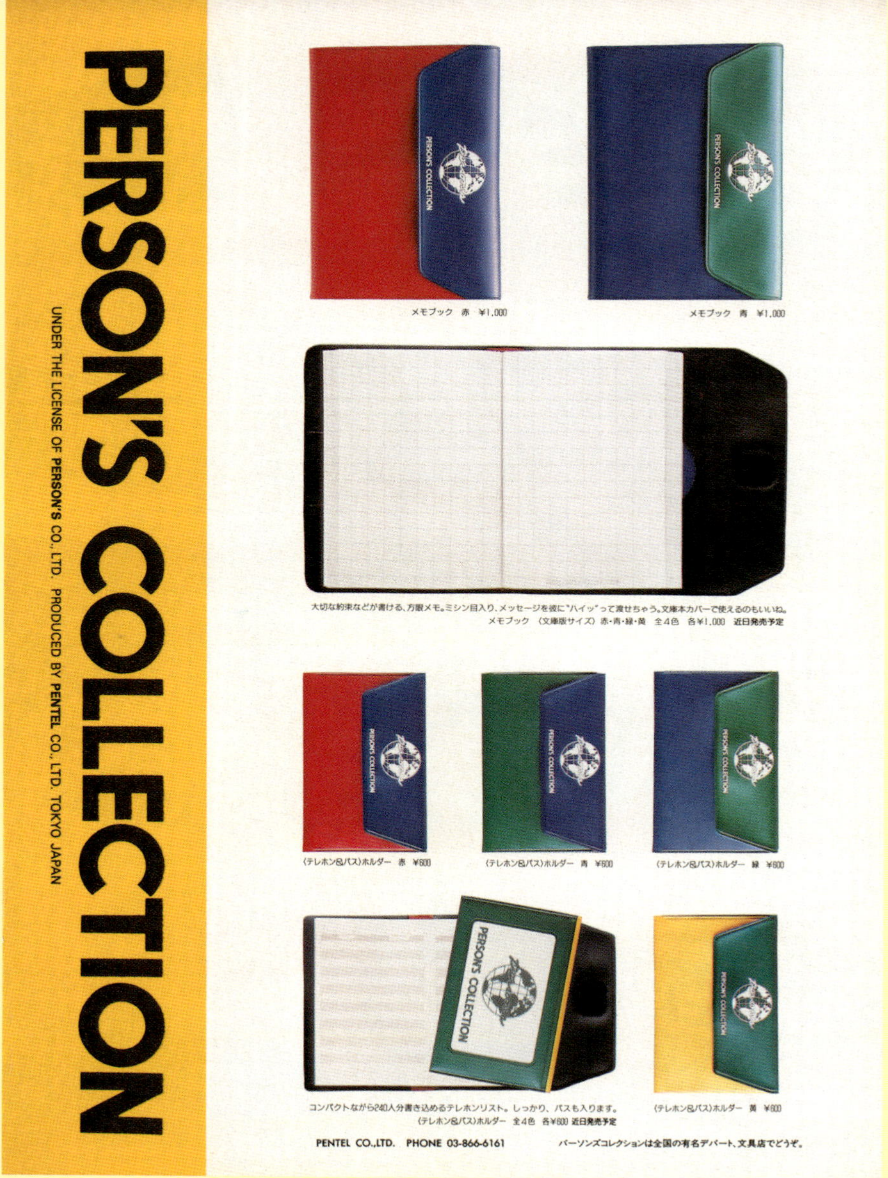
PERSON'S COLLECTION
UNDER THE LICENSE OF PERSON'S CO., LTD. PRODUCED BY PENTEL CO., LTD. TOKYO JAPAN
メモブック　赤　¥1,000
メモブック　青　¥1,000
大切な約束などが書ける、方眼メモ。ミシン目入り、メッセージを彼に"ハイッ"って渡せちゃう。文庫本カバーで使えるのもいいね。
メモブック　〈文庫版サイズ〉赤・青・緑・黄　全4色　各¥1,000　近日発売予定
〈テレホン&パス〉ホルダー　赤　¥600
〈テレホン&パス〉ホルダー　青　¥600
〈テレホン&パス〉ホルダー　緑　¥600
コンパクトながら240人分書き込めるテレホンリスト。しっかり、パスも入ります。
〈テレホン&パス〉ホルダー　全4色　各¥600 近日発売予定
〈テレホン&パス〉ホルダー　黄　¥600
PENTEL CO.,LTD.　PHONE 03-866-6161
パーソンズコレクションは全国の有名デパート、文具店でどうぞ。

DCブランド全盛期を見て育ってきたゆかしなもんにとっては、「PERSON'S」は特別なブランドである。アパレル以外にも生活雑貨など多様に展開していたが、ぺんてるからは文房具「PERSON'S COLLECTION」が出ていた。デーハー（派手）でビビッドなカラーリング、シンプルなデザインにかの有名なロゴ！トレンディでしょ♡

1987 年、サンエックスから「ピニームー」が登場！ 赤青黄色などのビビッドカラーを背景に、ぬいぐるみをイメージした素朴な手描きふうのクマさんは大ヒットになり、その後 30 年以上も愛されるキャラクターとなった。こちらは 1988 年のクリスマスシーズンの広告。どれを選ぼうか迷ってしまうような、ワクワク楽しいデザイン♡

COLUMN

2

80年代雑誌広告、魅惑のガーリー通販ワールド♡

フェリシモ「はいせんす絵本」の忘れ得ぬ名作！「おもしろランチグッズの会」の秘密に迫る

その昔、「はいせんす絵本」という通販カタログがあったのをご存知でしょうか。１９８０年代、そのカタログはゆかしなもんの自宅に定期的に届き、一家団欒の時間にみんなでカタログを見ては、「あれが欲しい、これがかわいい！」などとワイワイ盛り上がったものでした。「はいせんす絵本」は、１９７８年に創刊。どこにもないような独創的な雑貨が、この本には載っていました。このカタログを作っていたのが、フェリシモ（旧・ハイセンス）です。「はいせんす絵本」で忘れ得ぬ名品として記憶しているのが、「おもしろランチグッズの会」でした。毎月1回、かわいいお弁当箱セットが届くというもので、お弁当箱がホットケーキだったり、水筒がソフトクリームだったりと最高にハッピーなシリーズだったのです！　当時の担当の方によると、もともとこのお弁当箱は１９８５年、会員向けの景品として作られたとか。「食べ物モチーフをお弁当箱に」というテーマゆえ、デザイン、金型作りから完全オリジナル！　その作業は困難を極めたそうですが、苦労の末にリリースしたランチグッズシリーズはとても評判が良く、１９８６年に商品として販売されることになりました。発売後は1ヶ月につき約1万個ほど売れるという大ヒット商品に！　少女向け雑誌にも広告が出稿されました。「子どものころこのランチグッズが大好きで、プロダクトデザイナーになるきっかけとなった」「引っ込み思案だった女の子がこのランチグッズをきっかけに友だちと仲良くなれた」という心温まるストーリーを次々に紡ぎ出し、まさに伝説のランチグッズシリーズとなったのです☆

おもしろランチグッズは、おもしろさが特長です。
ユニークさが自慢です。
12種類が強みです。
780円がお買い得です。
おうし座のミー子は、
ミルクいっぱいビスケット型
みんなお弁当食べている。
みんなで楽しむおもしろランチグッズ
12個ないとつまらない
おひつじ座の彼は、
バレンタインの産物チョコレート型
かに座の兄貴は、
朝ごはんぬきだから目玉焼き型
ふたご座の弟は、
乳離れできずにウエハース型
お弁当日記。
「お弁当箱がきっかけで、
かか 彼とお話が
…………もう書けません。」
お弁当箱がとりもつ楽しい関係。
話題ふりまくランチグッズ。
クラスの人気者、間違いなしです。
おとめ座のわたしは、
もちろんデコレーションケーキ型
しし座のお父さんは、
グルメ気取ってかんづめ型
やぎ座のおばあちゃんは、
いつもなめてるキャンディー型
いて座のお母さんは、
お弁当はいらないのってホットケーキ型
さそり座の姉は、
ごはんはダメなのって食パン型
てんびん座の先生は、
お昼はいつもハンバーガー型
おもしろランチグッズの会
お申し込み番号 CN-619158
月1セット ¥780
■セット内容/ゆうもあランチボックス1個、こみかるランチグッズ1点または1セット、ゆにいくファブリックグッズ1個、可愛いにんじん型バラン2枚、城戸崎愛先生のレシピカード1枚
■素材/スチロールなど ファブリック：綿など（商品により異なります）
■サイズ/商品により異なります。
●毎月1回、セット内容を変えてお届けする「おもしろランチグッズ」は、12ヵ月で全部の種類が揃うコレクションです。
うお座のおじいちゃんは、
年甲斐もなくペロペロキャンディー型
みずがめ座の先輩は、
近くのパン屋でアイスキャンディー型
楽しさ定期便――ハイセンスコレクション
毎月1回、ひとつずつ
ドキドキ！ おもしろランチグッズが届きます。
いつからでも、いつまででも、
お届け期間は自由自在。
ひとつ増えるごとに、楽しさも増えていく。
うれし、楽しいハイセンス コレクション。
お友だちにも教えてあげてね。
お申し込みはおハガキで、お友だちといっしょに申し込んで、3,000円以上になるようにしてくださいね。
官製ハガキに①～⑨を記入後、シールを貼って送ってね。
40
ハイセンス
マイバースディ係
①お届け先郵便番号（〒）
②お届け先住所（フリガナ）
③お届け先電話番号
④お名前（フリガナ）
⑤性別
⑥生年月日
⑦未・既婚
⑧職業
⑨すでにハイセンス会員の方はグループ番号
お申し込み券
キリトリ線
お申し込みシール
商品名 | お申し込み番号 | 価格 | 数量 | 合計金額
おもしろランチグッズの会 | CN-619158 | 780円 | | 円
「はいせんす絵本Vol.20」 | CN-209625 | 780円 | | 円
7025 | お買い上げ合計⇨ | | 円
まず一回お試しください。
●商品はお申し込み受付後、約2～3週間でお届けします。
●お支払いは、商品到着後1週間以内にお近くの郵便局からお振り込みください。
●万一、不良品等の場合、または交換・返品のお申し出は商品到着後1週間以内にご連絡ください。お客さま側の事情で返品される場合は、返送料をご負担ください。
●その他のお問い合わせは、下記までお気軽にどうぞ。
HI-SENSE
はいせんす絵本
'88 SPRING SUMMER
Vol.20
A4判 436ページオールカラー
定価780円
おもしろランチグッズのほかにも、
ワクワク・ドキドキコレクションがいっぱい！
メールオーダーカタログ
「はいせんす絵本Vol.20」
全国有名書店にて
好評発売中！
（お申し込みはおハガキでもどうぞ）
※10,000円以上お買い上げの方に1,000円の割引特典付
素敵なグッズが全ページにいっぱい。かわいいハンカチやユニークなショーツ、ソックス。お手紙大好きの少女にはポストカードやレターセットもイロイロ。ファッション、ファンシー雑貨などなど、たくさんとり揃えているよ。

愛と占いの情報誌「MyBirthday」の広告（1988年）。占い雑誌らしく、12星座とお弁当箱を絡めて紹介している。セット内容は、ゆうもあランチボックス1個、こみかるランチグッズ1セット、ゆにいくファブリックグッズ1個、かわいいにんじん型バラン2枚に、女の子に大人気の城戸崎愛先生（ラブおばさん♡）のレシピカードが！

COLUMN 2

↑バターの香りが漂いそうな、ふんわり焼けたホットケーキ型お弁当箱！ 当時はフライパン型のランチョンマット、カップケーキ型のおかず入れがセットになっていた。

↑いつでもお誕生日パーティー気分！ デコレーションケーキ型お弁当箱に、プリン型おかず入れ。レーシィなお弁当袋もおとめちっく♡→美味しそうっ、ペロペロキャンディー型のお弁当箱＆水筒。

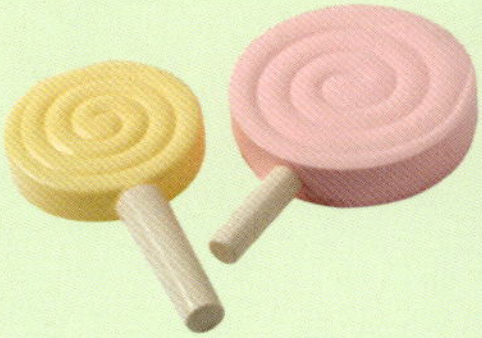

輝かしい「HI-SENSE」（ハイセンス）の刻印入りのビスケット型お弁当箱。おかず入れはクッキー型だった。クラスメイトから「何それ、かわいい!!」なんて、話しかけられること間違いなし☆

←ソフトクリーム型の水筒はシリーズ誕生のきっかけとなったアイテム！ 現社長の「ソフトクリームの水筒」というふとしたつぶやきから生まれたのだとか。この水筒に合うお弁当箱として、アイスキャンディー型のランチボックスが開発された。当時の担当者も思い出深い一品。

もともとは、会員向けの景品の企画だった「おもしろランチグッズ」シリーズ。開発当初はアイディア出しとデザインに苦労し、毎回締切日のギリギリまで試行錯誤していたとか。その結果、こんなにも楽しいランチグッズが誕生！

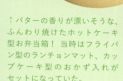

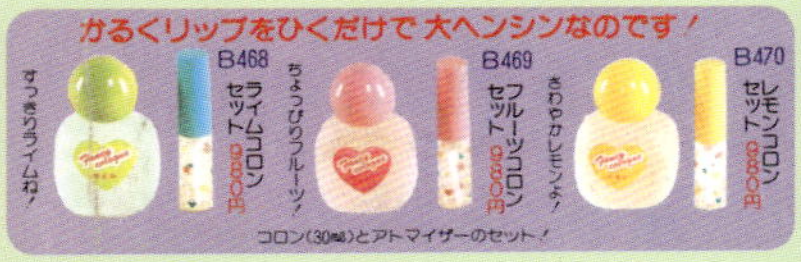

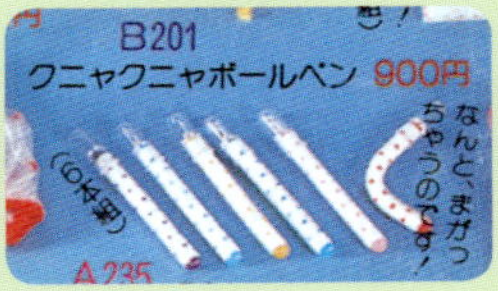

サンビルトの「プチパティクラブ」より。(右上)なぜ当時あれほどまでにコロン＆アトマイザーのセットに憧れていたのか…。(右中)いかにも'80sなルームアクセサリー☆ 友だちの部屋を思い出す。(右下)サンビルトが推すハートグッズの中で、絶対に欲しかったのがこの「クニャクニャボールペン」。

雑誌のもう一つのお楽しみ♡ 少女雑貨系通販は夢の世界だった

80年代、多くのティーンの少女たちの生活は、少女向け雑誌と共にありました。雑誌が発信する情報が、流行やライフスタイルを作っていたのです。雑誌を読む目的はもちろん特集記事や連載ですが、お楽しみはそれだけではなく、合間に挟まれる少女向けの通販広告も、昭和ガーリートレンドの主たる情報源でした。覚えているのは、サンビルト、サン宝石、ポニー、えり原宿…など！ 1ページにぎっしりと詰め込まれたかわいい雑貨やアクセサリーの数々をじっくりと眺めては「欲しいなあ」と夢を見ていました。当時人気だったサンビルトは「プチパティクラブ」という会員制で、入会するとペンダントや会報「夢色通信」が届くシステムでした。ある日、私の姉宛に「夢色通信」が届いているのを見付けて、ものすごく嫉妬したのを覚えています。

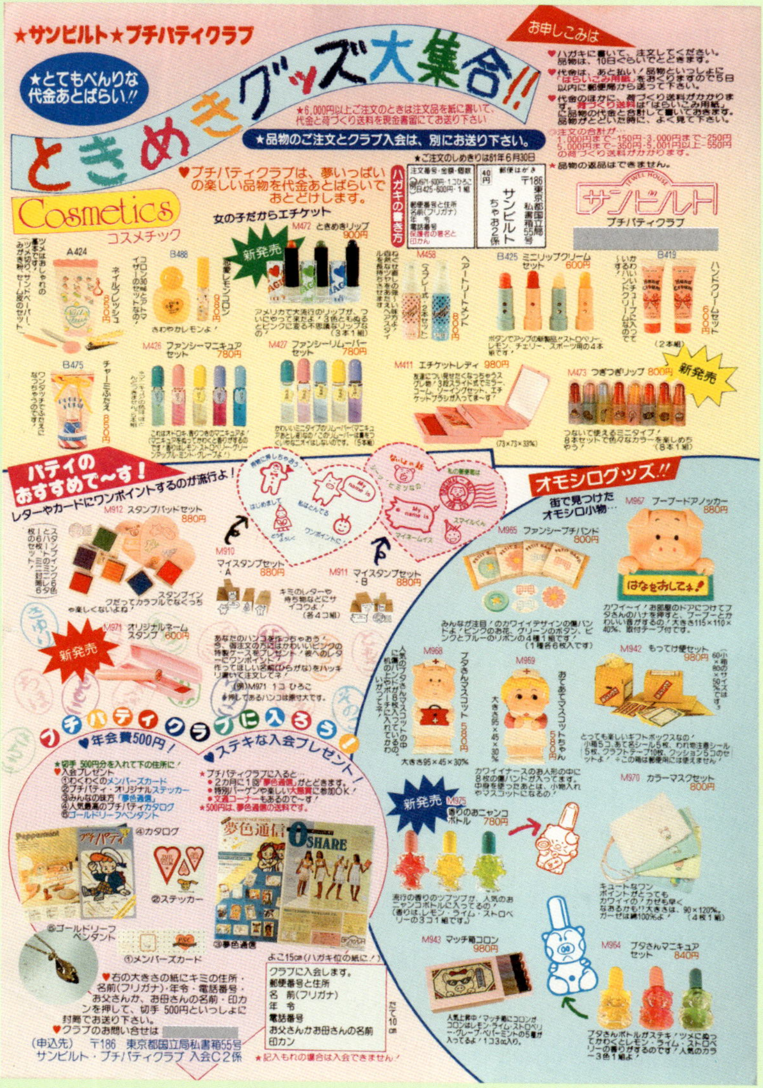
★サンビルト★プチパティクラブ
★とてもべんりな代金あとばらい!!
ときめきグッズ大集合!!
★6,000円以上ご注文のときは注文品を紙に書いて、代金と荷づくり送料を現金書留にてお送り下さい
★品物のご注文とクラブ入会は、別にお送り下さい。
お申しこみは
♥ハガキに書いて、注文してください。品物は、10日ぐらいでとどきます。
♥代金は、あと払い！品物といっしょに「はらいこみ用紙」をおくりますので5日以内に郵便局から送って下さい。
♥代金のほかに、荷づくり送料がかかります。荷づくり送料は「はらいこみ用紙」に品物の代金と合計して書いておきます。品物がとどいた時に、よく見て下さい。
注文の合計が…1,000円まで−150円・3,000円まで−250円 5,000円まで−350円・5,001円以上−550円の荷づくり送料がかかります。
★品物の返品はできません。
JEWEL HOUSE サンビルト プチパティクラブ
★ご注文のしめきりは61年6月30日
ハガキの書き方
注文番号・金額・個数
郵便番号と住所 名前(フリガナ) 年令 電話番号 保護者の署名と印かん
郵便はがき 40円 〒186 東京都国立局私書箱55号 サンビルト ちゃお2係
♥プチパティクラブは、夢いっぱいの楽しい品物を代金あとばらいでおとどけします。
Cosmetics コスメチック
女の子だからエチケット
新発売
M472 ときめきリップ 900円
アメリカで大流行のリップが、ついにやって来たよ！3色ともぬるとピンクに変る不思議なリップなの！（3本1組）
A424 ネイルフレッシュ 850円
B488 恋愛レモンコロン 800円
さわやかレモンよ！
M458 ヘアートリートメント 800円
B425 ミニリップクリームセット 600円
ボタンでアップの新製品〃ストロベリー、レモン、チェリー、スポーツ用の4本組です！
B419 ハンドクリームセット 600円（2本組）
B475 チャーミふたえ 850円
M426 ファンシーマニキュアセット 780円
M427 ファンシーリムーバーセット 780円
M411 エチケットレディ 980円
友達につい見せたくなっちゃうスグレ物！3段スライド式でミラー、コーム、ソーイングセット、エチケットブラシが入ってま〜す！
(73×73×33%)
M473 つぎつぎリップ 800円
新発売
つないで使えるミニタイプ！8本セットで色々なカラーを楽しめちゃう！（8本1組）
パティのおすすめで〜す！
レターやカードにワンポイントするのが流行よ！
M912 スタンプパッドセット 880円
スタンプインクだってカラフルでなくっちゃ楽しくないよね！
M910 マイスタンプセット・A 880円
M911 マイスタンプセット・B 880円
キミのレターや持ち物などにサイコウよ！（各4コ組）
新発売
M971 オリジナルネームスタンプ 600円
あなたのハンコを作っちゃおう！今、ご注文の方にはかわいいピンクの特製ケースをプレゼント！彼へのレターにワンポイント！作ってほしい名前(ひらがな)をハッキリ書いて注文してネ！
(例)M971 1コ ひろこ
※押してあるハンコは原寸大です。
オモシログッズ!!
街で見つけたオモシロ小物…
M967 ブーブードアノッカー 880円
はなをおしてぇ！
カワイ〜イ！お部屋のドアにつけてブタさんのハナを押すと、ブーブーとかわいい音がするの！大きさ115×110×40%、取付テープ付です。
M965 ファンシープチバンド 800円
みんなが注目！のカワイイデザインの傷バンドよ！ピンクのお花、グリーンのボタン、ピンクとブルーのリボンの4種1組です！（1種各6枚入です）
M968 ブタさんマスコット 580円
大きさ95×45×30%
M969 おてあてマスコットちゃん 580円
大きさ95×45×30%
カワイイナースのお人形の中に8枚の傷バンドが入ってます。中身を使ったあとは、小物入れやマスコットになるの！
M942 もってけ便セット 980円
とっても楽しいギフトボックスなの！小箱5コ、あて名シール5枚、われ物注意シール5枚、クラフトテープ10枚、クッション5コのセットよ！＊この箱は郵便用には使えません！
M970 カラーマスクセット 800円
キュートなワンポイントがとってもカワイイの！カゼも早くなおるかも!!大きさは、90×120%、ガーゼは綿100%よ！（4枚1組）
新発売
M975 香りのおニャンコボトル 780円
流行の香りのツブツブが、人気のおニャンコボトルに入ってるの！（香りは、レモン・ライム・ストロベリーの3コ1組です。）
M943 マッチ箱コロン 980円
人気上昇中！マッチ箱にコロンが…コロンはレモン・ライム・ストロベリー・グレープ・ペパーミントの5種が入ってるよ！1コ3cc入り。
M964 ブタさんマニキュアセット 840円
ブタさんボトルがステキ！ツメにぬってかわくとレモン・ライム・ストロベリーの香りがするのです！人気のカラー3色1組よ！
プチパティクラブに入ろう！
♥年会費500円！
★切手 500円分を入れて下の住所に！
♥入会プレゼント
①わくわくのメンバーズカード
②プチパティ・オリジナルステッカー
③みんなの味方「夢色通信」
④人気最高のプチパティカタログ
⑤ゴールドリーフペンダント
♥ステキな入会プレゼント！
★プチパティクラブに入ると…
●2カ月に1回「夢色通信」がとどきます。
●特別バーゲンや楽しい大懸賞に参加OK！
●文通コーナーもあるので〜す！
★500円は、夢色通信の送料です。
④カタログ
②ステッカー
③夢色通信
⑤ゴールドリーフペンダント
①メンバーズカード
♥右の大きさの紙にキミの住所・名前(フリガナ)・年令・電話番号・お父さんか、お母さんの名前・印カンを押して、切手 500円といっしょに封筒でお送り下さい。
♥クラブのお問い合せは
(申込先) 〒186 東京都国立局私書箱55号 サンビルト・プチパティクラブ 入会C2係
よこ15cm(ハガキ位の紙に！)
クラブに入会します。
郵便番号と住所
名 前(フリガナ)
年 令
電話番号
お父さんかお母さんの名前
印カン
たて10cm
★記入もれの場合は入会できません！

サンビルトの「プチパティクラブ」は、80年代のメジャーな少女漫画誌やティーン誌に必ずといっていいほど載っていた名門通販会社。トレンドをしっかり押さえつつも、カラフルなコロンやマニキュア、リップクリームなど、プチパティクラブらしい、ユニークでかわいい独自の商品セレクトを展開していた。

この春のちょっぴり大人っぽくアクセサリー
人気アクセサリーが安い！誌上特別セール！
宝石とアクセサリーのふるさと…山梨県のサン宝石から直接お届けするおトクなセール！
ハガキで申込めて代金はアトばらい！
☆ゲキヤス 特別提供☆
株式会社サン宝石
山梨県下部町久那土
☎0556(37)0231(代)
【申しこみ方法】
●申込品番と価格
(例) G1, G8, G12(900円)
R-2141 (850円)
K-371 (700円)
●申込合計金額
(例) 2,450円
●郵便番号と住所
●氏名●年令●電話
●指輪サイズ
＋18才未満の方は保護者名と印鑑
＋カタログのほしい人は「カタログ希望」と書く
郵便はがき
40円
409-31
山梨県下部町久那土局私書箱10号
㈱サン宝石
N④係
（あなたの住所・氏名）
★まちがいやすいので電話注文は受けつけません
●注文の品を受取ってから1週間以内に代金を送ればよいアト払い
●高額注文は代引郵便で安全に送ります（急ぐ人は前金か切手で）
●2,000円以下の注文には送料雑費が100円かかります
●受取後5日以内は返品できます（ただし返送料は負担して下さい）
プレゼントつきです！
健康と気分がサッとわかる…
ヘルス・チェッカー
指をあてると気分がわかる！
⊙1,000円以上注文した人にプレゼントします
人気ファッション・コーナー！
春の人気グッズ！
特別おすすめ品コーナー！
⊙ゴージャス気分の春のアクセサリー！
人気バッグン！
かわいいセーラー服型はらじゅくバッグ！胸にもうしろにもポケットつきだからいっぱい入るョ！
ハラジュクバッグ(ブルー) ¥1,500
ハラジュクバッグ(ピンク) ¥1,500
春のおしゃれ先取り！さあ急いで申込もう！
ネームブローチ2個で500円！
好きな名前でこの見本のように作ってあげます！
2個セット！
●ハートのブローチには3文字●星のブローチには2文字のひらがなを入れて作ります
＊たとえばみどり、としなどと書いておいて下さい。ちゃんという字は全部につけますから書かなくてもよい。
ネームブローチ 2個で ¥500
イヤリング3組で900円コーナー！
どれを選んでも3組で900円です！ゲキヤス！
【注】耳にとめる金具のところは写真と変わる場合もあります。
磁気ピアス700円コーナー！
耳に穴をあけなくてもよい使いやすいピアス
ファッションリング・コーナー！
この指輪は2個で980円！
サイズは9〜15以内です
5つの中からどれを選んでもOK。必ず2個ペアで申込んで下さい。今お買い時です！
オパール付 ¥1,980
ルビーマーキス ¥1,980
ルビー付 ¥1,980
サファイア付 ¥1,980
ベッコウ甲丸 ¥1,300
デザインダイヤ ¥1,980
⊙指輪を申込む人はサイズを必ず書いて下さい！
どれも手づくり高級品！サイズが分らないと作れないのでお忘れなく！
サイズ表
サイズ(号) 8 9 10 11 12 13 14 15 16
長さ(ミリ) 48.2 49.2 50.3 51.3 52.4 53.4 54.5 55.5 56.6
サイズが分らない人は指輪をはめる指に針金などを巻いてその長さを上の表で調べると分ります。

“サンホ”こと「サン宝石」は今も女の子に大人気だが、70年代初頭からプチプラアクセや雑貨を扱っていた、アクセ通販のパイオニア！ ハートのイヤリング、ターバン、サングラスブローチ、セーラー服モチーフのバッグ、ひらがな文字のネームブローチなど時代を敏感に切り取ったラインナップはさすが♡

「ポニー」といえば少年漫画誌のみにあらず！ジョーク系トイはおまかせのユニーク通販会社

「ポニー」は少年漫画雑誌に載っている通販の老舗、というイメージが強いけれど、ゆかしなもんにとっては80年代、少女漫画雑誌「ちゃお」（小学館）や「明星」（集英社）など、女の子が読むティーン誌でいつも目にしていた、おなじみの通販会社でした。ラインナップには海外で人気の日用雑貨やオシャレな小物もあったけれど、ポニーといえばやっぱり〝ジョーク系トイ〟！その振り切ったラインナップが素晴らしく、パロディ＆ジョークグッズが流行った80年代という時代を牽引した立役者だったのです。

1984年ごろ、愛知県に住んでいたゆかしなもんがずっとポニーのジョークグッズが欲しいと家で騒いでいたからか、あるとき家族で東京に旅行に行った際、なぜかポニーに行こう！という話になりました。ただでさえシャイな私は、通販会社に直接買いに行くということが恥ずかしかったのですが、父は大変強引な性格なのでとうてい逆らうことができず……。結局、お店を訪ねて交渉し、ずっと欲しかった「ナンセンスプレート」というアイテムを数枚購入して、帰ってきたのでした。手に入れたプレートは、自分の部屋に貼ってしばらく飾っていたっけ。

そんなポニーと自分とのエピソードを思い出し、数年前、今もバリバリ営業中のポニーの実店舗（東京都江戸川区平井）に突撃してみたのでした！80年代のヒット商品としては「スパイカメラセット」や「変装ヒゲ」、「プロレスのマスク」等の〝THE漢（おとこ）〟なアイテムのほかに、やはり「ジョークグッズ」だったとか。当時大ヒットしたという「ニセバーガー」や「ニセ駐車違反標」などが、今もありました！何に使うのかというと、もちろんいたずら☆「笑い」が求められていた時代だったのです。凄いのは、これらのグッズの一部はポニーがオリジナルで開発し、販売していたこと。世の中にないもの、世間が求めているものを察知し、自ら製造して売るというポニーならではのプロデュース力こそが、80年代通販のカリスマたる所以！ポニーさん、これからもず～っと、私たちを楽しませてくださいね☆

今、ホットなおもしろ、いたずらトーイ！
ウッシャー
うそ〜
何んで"水"がでるの!!
★お買上げの方全員プレゼント！
★スターキーホルダー
♥好きな人の写真を入れてね〜
カラクリ箱 ¥3,000
チョコレート消ゴム ¥1,200
ワーゲン ¥750
足で走るユカイな車！
マッチ棒エンピツ ¥900 (10本入)
レコードランナー・ミュージくん ¥6,000
かわいいワーゲンのサウンドワゴン！このかわいいミュージくんをレコードの上に乗せれば回転しながら音を出す
電話ボックスバンク ¥1,800
ちょっとシャレてる貯金箱
ランプバンク ¥1,000
インテリアにもなるよ！
パロディ・カード(各) ¥500
不良学生証・授業中睡眠許可証・恋人証
熱烈ファン証・恋愛カード・
♥便利な、代金後払い！
マンガカラーデジタルウォッチ(各色) ¥2,500
ハニック(1色) ¥4,000
歯のマニキュアで〜す。あなたの笑顔がアップ！
アメリカンパブリックテレホンバンク ¥1,850
これはカッコイイ！お部屋のインテリアにも
カセットコーム・ミラー ¥700
アレッ！テープと思ったらクシとカガミが出てきた
メモブラシ ¥900
ユニークなメモ帳で〜す
ブービーベル ¥1,500
お父さんがニンマリ ヤダー
モンローリップ (大) ¥1,200 (小) ¥850
ゴマスリ・怒り・モテモテ袋(各) ¥1,350
吸盤付のユニークなもので〜す！
ひょうきん族もビックリ
爆笑ジョークトイ
缶パンティ(各) ¥1,200
これコーラ？いいえ中にはナッ!!ナント パンティが
アクアシガレット ¥800
タバコをとろうとすると水がピューと！
押し花封筒 3枚セット ¥2,100
望遠付ストロボ内蔵カメラ ¥9,800
軽量コンパクトタイプ！ストロボが内蔵されていますので暗い室内でもシャッターチャンスを逃さずカンタンに写せます。(ケース・保証書付)
ポケットカメラ ¥3,500 (トップフラッシュ ¥1,200)
ワンタッチで気軽に写せるフラッシュを取り付ければ暗い室内もOK！
びっくりペン ¥1,600
あわくっちゃう あわふきペン
笑いパン ¥1,700
マイッタネ！パンが笑うとは
ラブバンク ¥2,100
お金を入れるとカワイイキスを！
セッチマ1コ ¥600 3コ ¥1,500
西ドイツ製の歯のクリーム よごれやタバコのヤニなどこれでバッチリ！
インク付アクアペン ¥750
あっ!!ヤッチャッタ でもスグ消えますよ
米語テープ ¥2,000
ビックリスプレー ¥1,300
糸状のアワが…
アクアライター ¥500
このライターは火を消すの？水がピューと！
ゲーム消ゴム 2コ ¥500
マジックスクリーンでゲームを楽しめる！
フラッシュペーパー 1コ ¥700 2コ ¥1,300
アッ！アブナイ火がついた、でも安全です。スグ消えてなくなるフシギな紙！
オーディオバンク ¥1,300
レコード盤がコインをのせて回転、楽しみながら貯金を！
今！もっとも"イマ〜イ"スイングアート
★スイングピエロ
A ¥1,800
B ¥1,500
C ¥1,500
D ¥1,800
E F G (各) ¥3,500
★お申し込みは、今スグにハガキか電話で！
★お申し込み
☎03(619)3077
電話申し込み… AM10:00〜PM7:00
★通信販売協会加盟★
〈申込方法〉ハガキでのお申込は右の様に必要事項を書いて下さい。お電話での受付はAM10時〜PM7時、送料は明記以外無料。
〈お届け〉ご注文受付後7日以内に商品を発送。ご返品の場合は商品到着後5日以内に未使用(返送料申込者負担)でお願いします。〈お支払い〉代金は商品到着後5日以内に同封の振替用紙でお近くの郵便局からお支払い下さい。★通常切手15%引で買入致します。
〒132 東京都江戸川区平井6-55-4
㈱ポニーDM ちゃお5係
●商品名・(金額)
●住所・(郵便番号)
●氏名・年令
●電話番号
●18才未満の方は保護者名記入
〒132 東京都江戸川区平井6-55-4 ㈱ポニーDM ちゃお5係
♥お近くの方は、お店に行ってみよういい物あるよ
平井駅より5分
ポニー
平井駅
北口

おっぱい型のベルや笑い声のするパンなど、「ひょうきん族もビックリ」の爆笑ジョークトイが揃う「ポニー」の通販広告☆ オモシロ系だけでなく、オシャレな雑貨や便利な日用品なども扱っていた。そのラインナップは昭和期に人気を集めた伝説のセレクトショップ「王様のアイディア」にもちょっと通じてカッコよかったんだ。

ポニー 現住所／〒132-8510 東京都江戸川区平井 5-38-4　TEL:03-3613-8200

ゆかしなもんセレクト！ ポニーで買えたおもしろグッズ

（※現在は購入できません）

女番
ヨーヨー
金属製
クサリマジック
¥2079

「女番ヨーヨー　クサリマジック」。1985 年からスタートした TV ドラマ「スケバン刑事」シリーズ。当時めちゃくちゃ欲しかったのです、あのヨーヨーが！　数年前に「ポニー」を訪れた際に見つけ、ついに購入。これで私も“麻宮サキ”になれる！

レコードランナー・ミュージくん
¥6,000

「レコードランナー・ミュージくん」は当時いろいろな雑誌で紹介されていた、話題の商品！　ワーゲンの車をレコードに乗せると回転しながら音を出すというなかなかスゴいアイテムなのだ。

アイドルリップ
商品番号　A-082
3コ ¥1,500
マッチ・トシちゃん・ヨッちゃん。フッくん・モッくん・ヤッくんの唇がとうとう消しゴムになりました！　ファーストキスはどんな感じかな？

「アイドルリップ」という消しゴム。「マッチ・トシちゃん〜の唇がとうとう消しゴムになりました！」って、魚拓みたいに本人の唇拓取ったのか!? とツッコまざるを得ない商品。ただし、手に入れたらキッスの練習をしてしまうこと間違いなし。

♡ポップなライトで楽しい夢が見れそう！
インテリアライト
ソフトクリーム ¥3,300 (小)¥1,250
ペンギン ¥4,300 (小)¥1,700

インテリアライト各種。心の底から憧れていました、マイルームの片隅に、まるでトレンディドラマに出てきそうなこんなオシャレなライトを置くことに…。ソフトクリーム、ペンギンというモチーフが泣けるほど '80s。他にはアヒルもあった。

80年代の通販グッズ界における影の総統といえば、この「セッチマ」！「西ドイツ製」、歯の「汚れやタバコのヤニなど」をバッチリ落とすというパワーワードを見るにつけ、歯磨き粉とは次元が違う、魔法のような凄い商品だと小学生の私は信じていた。

「ビッグフルーツキャンディー」（天地47cm）。これもなぜか当時めちゃくちゃ欲しかったアイテム。お部屋の中をポップ＆ファンシーに演出するのが'80s少女のこだわりだったが、マイルームがふすま張りの和室だったという少女も少なからず存在した。

「ナンセンスプレート」。これこそが、私ゆかしなもんが小学生のときにどうしても欲しくて、東京までわざわざ買いに行ったアイテム！ いわゆるジョークグッズなのだが、なぜそれほどまで熱望したのか、今となっては謎である。

「電話ボックスバンク」。この時代の貯金箱のプロダクトデザインの凝りっぷりも特筆すべき点である。お金を貯めることも大事だが、貯金箱を飾ること自体をまず楽しもうYO☆というポジティブなアティテュードが感じられて好き！

「パロディーステッカー」。こちらも“80年代パロディームーブメント”を象徴するアイテム。有名企業のロゴがオモシロおかしくアレンジされているが、まだ知的財産権や著作権などの認識がユルかった時代の遺産とも言える。「みんなでパロっちゃおうぜ〜!!」

これぞ「ポニー」パロディグッズの真骨頂、「ニセハンバーガー」！ 本物のハンバーガーのような質感や色にこだわったという自信作。メイドインJAPANの職人もので、もう作れる人がいないという貴重なデッドストック品☆ 何に使うかは、アータのアイディア次第です。

もっと覗いてみたくなる！ 80年代ジャパニーズ・ガーリー通販の深淵

ジャパニーズ・ガーリー通販というと、かわいいアクセサリーや雑貨などをまず思い浮かべるかもしれませんが、実はとても奥深い世界。70年代の少女向け通販はまさに黎明期で、アクセサリーの通販はすでにあったものの、「こけし」、「手作りぬいぐるみ（マスコット）キット」、「ペーパークラフト（手毬や城）」など、日本の比較的古風な趣味雑貨を扱う通販が多く見られました。やがて狂乱の時代とも言える80年代に入ると、ジャパニーズ・ガーリー通販の概念が一気に弾け、通販各社が独自の輝きを放っていきます。例えば、「チャコちゃん」というお人形をご紹介しましょう。「2歳児そっくりの大きさ」というのが売りで「お人形というより、ほんとうの2歳児の可愛いらしさ」と広告に謳われるほどのリアリティ。ある日、祖母からこの「チャコちゃん」が贈られてきたときの衝撃といったら！　身長80㎝、ビビッドなニットブラウスにズボン、そしてネイビーの靴下を履いたこのお人形は、まだ4歳ほどだったゆかしなもんにとってはあまりにも大きく、そして抱っこした感触も硬く、怖い存在でした（チャコちゃんゴメン）。その後も、「ペットふとん」シリーズ、おしゃれな電話機や家具、サウナスーツなど、'80ｓガーリー通販の快進撃はとどまることを知らず、私たちの物欲を刺激し続けるのでした。

「チャコちゃん」が我が家にやってきたときの記念スナップ。「チャコちゃん」がいかに大きいかおわかりいただけるだろうか。右側の、キツネ目のパンチラ少女がゆかしなもんである。

サイズ＝高さ23cm×長さ29cm×幅17cm、重さ300g
チャコちゃんがぼくをつれていきます。可愛がってね。
いまお申込みの方に
人気の ぬいぐるみ チャウチャウ
もれなく プレゼント！
この機会をお見逃しなく!!今すぐチャコちゃんをお申込みください。
今回チャコちゃんをお求めいただいた方に、チャウチャウをもれなく無料でさしあげます。可愛いチャコちゃんと人気者のチャウチャウが一緒にお届けされるまたとないチャンス！ いますぐ、下のハガキでお申込みください。
身長約80センチ！
2歳児そっくりの大きさ
チャコちゃん
月づきわずか1,980円でお手元へ
送料は全国無料
■分割払価格19,800円 ■支払期間10ヵ月
■現金価格19,000円 ■支払回数 10回
チャコちゃんは、お人形というより、ほんとうの2歳児の可愛いらしさ。あなたも、ご自分の腕にチャコちゃんを抱いてみませんか。夢みるようなつぶらな瞳。ふっくらとしたほっぺ。小さなおくちがいまにも何か語りかけてきそうな感じ。いつまでも、おそばにおいて可愛がってあげてくださいね。
お申込みは今すぐハガキで！
■お申込みは郵便ハガキに右の要領で、あなたの郵便番号・おところ・おなまえなどの必要事項をご記入のうえ、必ず捺印してポストへお入れください。あなたからのハガキが到着次第約2週間前後でお届けいたします。
●荷送料全額当社負担
郵便はがき
40円
160
東京都新宿区新宿一-二十九-十一
日本メールセンター
17マーガレット⑧係
「チャコちゃん人形」をプレゼント付で申込みます。
●商品番号17YG⑲
●郵便番号
●ご住所
●お名前（フリガナ）
●おとし
●ご職業
●お電話（ご連絡先）
（未成年者の方は保護者のご署名印）
●商品発送時の破損は責任をもってお取り替えいたします。又、商品がお気に召さない時は受取後5日間以内に返品ください。なお、返品時の送料はお客様負担です。
●代金の送金手数料は、お客様の御負担となります。
日本メールセンター
●ご注文、お問い合せは電話でもお受け致します。
商品先渡し/お支払いは分割あと払い
お届けされるチャコちゃんの内容
■大きさ 80cm
■帽子
■ニットブラウス
■ツリズボン
■ソックス

「チャコちゃん」の通販広告。手の表情とかほっぺたの膨らみなど、本当にびっくりするぐらいのリアルな2歳児ふう！ まさか売れなかったわけではないだろうが、この広告では当時人気だった「チャウチャウ犬」のぬいぐるみとの抱き合わせ販売となっている。「チャコちゃんがぼくをつれていきます。可愛がってね。」

新発売
思わず抱きしめたくなる！
子豚のぬいぐるみがおふとんに!!
まるまる太ったピンクの子ブタのぬいぐるみ。チャックを開けるとおなかの中に折りたたんだ枕と寝袋がスルスル出てきてそのままおふとんに。裏表とも肌ざわりバツグンのボア素材で暖か。ぜいたくでおしゃれな夢のある寝具です。
HoLLy FINEST QUALITY
オルゴール付！
曲は"愛のオルゴール"
月づきわずか 2,480円
足元開閉式で温度調節可能
全長175cm×幅100cm（ぬいぐるみのときは、高さ30cm×幅80cm）
〈素材〉表地ボア：アクリル100%、裏地ボア：ナイロン、エステル各50%
〈セット内容〉本体、枕、オルゴール
ームアクセサリー
カーアクセサリーに
おふとんとして使わない時は、ルームマスコットに。車に一緒に乗せて出かければ、アウターケットにも。鼻に組みこまれたオルゴールは、朝の目覚めを心地よいメロディでむかえてくれます。
オルゴール付子豚ぬいぐるみふとん
商品番号 2704
分割払金(月)2,480円×10回
分割払価格 24,800円
現金価格 23,500円
送料 800円（分割・現金共）

毛皮のように暖かくて心地よい
ビッグなペットふとん
●使わない時は壁などに吊り下げて、楽しいインテリアに!!
●楽しい犬の顔の部分は、ほどよいクッションの枕に!!
フワッと柔らかいボアは、防寒着の裏やエリにも使われる保温性の高い素材。裏地は軽くて暖かな中綿入のキルティングですから毛布を2枚重ねた以上に暖か。肩まですっぽり入るスリーピングバッグタイプですから、寝ぞうの悪い方でも、寝冷えの心配もありません。ビッグサイズで体もラクラク。
HoLLy FINEST QUALITY
月づきわずか 1,680円
200cm
70cm
寝ぞうが悪くても安心な
全長200×70cmのビッグサイズ
ベッドの上はもちろんカーペットの上で、あるいはドライブやレジャーのアウターケットとしても、楽しく快適です。
足元開閉式で温度調節可能
足元はマジックテープで開閉自由ですから寒暖の調節ができる!!
〈素材〉
表地／ボア、裏地／ポリエステル、中綿／アクリルキルティング加工
ペットふとん"おやすみ"
商品番号 3707
分割払金(月)1,680円×10回
分割払価格 16,800円
現金価格 15,900円
送料 800円（分割・現金共）

軽くて、丈夫！
お子さまもラクに扱えます。
●専用ブラシ付き。
●家庭で手軽に押し洗いできます。
■サイズ■全長約214cm×幅約127cm■素材■頭・手・足＝ハイパイル、胴・表地＝ボア、裏地＝ナイロンタフタ、中味＝ポリエステル綿、枕・表地＝綿ブロード、中味＝ポリエステル綿
両脇は上下2段のファスナーで開閉できます。
すその部分はマジックテープでとめはずし自由。

テレビ通販でも放送されていた「ペットふとん"おやすみ"」。これが当時（今も）どれだけ欲しかったことか！ 全長200cm×幅70cmという寝相が悪くても安心のゆったりサイズで、表地はボア、内側は中綿入りのキルティング製。足元開閉式で温度調節ができるところもポイント高し！ 子豚バージョンは、使わないときはぬいぐるみになる寝袋タイプで、鼻にオルゴールが内蔵されている進化版だった。この手の動物系ふとんは当時トレンドで、NHKの「にこにこぷん」バージョン、さらには写真左の「名犬ジョリィ」バージョン（！）の存在が確認されている。

ナンゼルスの人気もの
EAR HUGS™
¥7,800
I love you!
ダキダキしてネ！
ボク
商品番号8190㋑
KOALA BEAR HUG
コアラ ベア ハッグ
太陽と青空のロスでうまれたベアハッグは、だきしめたいほどカワユイぬいぐるみバッグ。彼ちゃまとペアでダキダキすれば、だんぜん街の人気者。今、サイコーにNowなストリート・パフォーマンス、ベア・ハッグしましょ！
ベア・ハッグ誕生ストーリー
ロバートとドティの子ぐまちゃん、USAでひっぱりだこ

いかにも陽気な80年代ふうアイテム、太陽と青空のLA生まれの「コアラ ベア ハッグ」！ ぬいぐるみふうのリュックサック、というか、ぬいぐるみそのものを背負っているようなものである。体長50cmで、背中にファスナーが付いているので一応バッグのようだ。「ロサンゼルスの人気もの」とあるが、本当にロサンゼルスで流行していたかどうかは知る由もない…。コアラのほかに、クマとパンダがあった。

わらべ人形
三つ子ちゃん
いま、女性の人気を独占!!
この座布団もついています！
可愛さいっぱい！三つ子ちゃん誕生!!
小さな座布団にチョコンとすわって、あどけない笑顔が可愛い三つ子ちゃん。三つ子ちゃんは、いつでもどこでも三人一緒で、とっても仲良し。あなたのマスコットとして可愛がってね。
三つ子ちゃん、三体一緒にお届けします！
商品番号YG㊿（かすり）
わらべ人形三つ子ちゃん（3体セット）
月づき1,980円の10回払い
■分割払価格19,800円■支払回数　10回
■現金価格19,000円■支払期間10ヵ月
お申し込みは今すぐハガキで！
★お申込みは郵便ハガキに右記の要領で、あなたの郵便番号・おところ・おなまえなどの必要事項をご記入のうえ、必ず捺印してポストへお入れください。あなたからのハガキが到着次第約２週間前後でお届けします。
●商送料は全額当社負担です。
40円
郵便はがき
〒161
東京都新宿区
下落合1の1の3
日本メールセンター
別冊少女フレンド係
「わらべ人形三つ子ちゃん」を申し込みます。
●商品番号
●郵便番号・住所
●氏名
●年令
●電話番号
日本メールセンター
●お急ぎの方はお電話で!!
●座ったときの高さ約24cm
●この座布団もついています！
●お誕生日のお祝いやプレゼントにもどうぞ!!
お申込みはお早めに
送料は全国無料です
商品先渡し／お支払いは便利な分割あと払い！

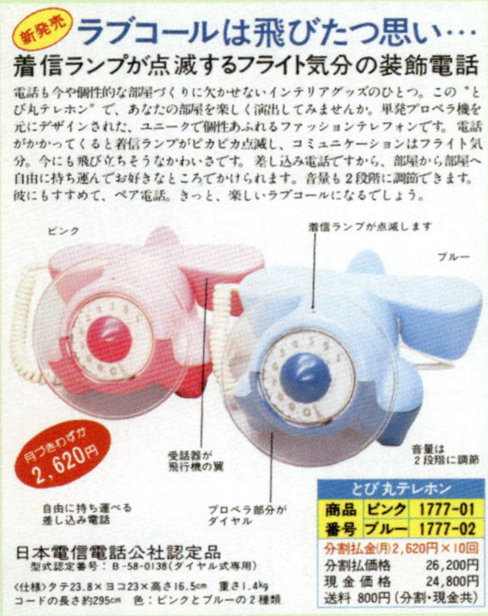

新発売
ラブコールは飛びたつ思い…
着信ランプが点滅するフライト気分の装飾電話
電話も今や個性的な部屋づくりに欠かせないインテリアグッズのひとつ。この"とび丸テレホン"で、あなたの部屋を楽しく演出してみませんか。単発プロペラ機を元にデザインされた、ユニークで個性あふれるファッションテレフォンです。電話がかかってくると着信ランプがピカピカ点滅し、コミュニケーションはフライト気分。今にも飛び立ちそうなかわいさです。差し込み電話ですから、部屋から部屋へ自由に持ち運んでお好きなところでかけられます。音量も２段階に調節できます。彼にもすすめて、ペア電話。きっと、楽しいラブコールになるでしょう。
ピンク
着信ランプが点滅します
ブルー
月づきわずか2,620円
受話器が飛行機の翼
音量は2段階に調節
自由に持ち運べる差し込み電話
プロペラ部分がダイヤル
とび丸テレホン
商品番号　ピンク　1777-01
ブルー　1777-02
分割払金(月)2,620円×10回
分割払価格　26,200円
現金価格　24,800円
送料 800円（分割・現金共）
日本電信電話公社認定品
型式認定番号：B-58-0138（ダイヤル式専用）
〈仕様〉タテ23.8×ヨコ23×高さ16.5cm　重さ1.4kg
コードの長さ約295cm　色：ピンクとブルーの２種類

マイルームにマイ電話機♡ これが80年代少女たちの理想形だった。当時の通販広告には、インテリアにもなる個性的な電話機が並んでいた。こちらの「とび丸テレホン」は、プロペラ機がモチーフのファッションテレフォン。プロペラ部分がダイヤルで、受話器部分が飛行機の翼になっている、キュートなデザイン！「彼にもすすめて、ペア電話」。きっと楽しいテレフォンデートになりそう♫

70年代の名残を感じる、ジャパニーズ・トラディショナルな通販広告を2点。「わらべ人形三つ子ちゃん」はお誕生日のお祝いにもぴったりな3体セットのお人形。「いま、女性の人気を独占!!」というアオりのキャッチコピーが気になる。「アベックこけし毎月750円」は「こけし収集会」という謎団体による通販広告。「ペァー(ペア？)で楽しめるミニ創作こけし」が毎月750円（＋送料）で届くという楽しい頒布会方式！ ああ、申し込みたい〜。

アベックこけし毎月750円
ペァーで楽しめる
ミニ創作こけし
代金後払い
申込方法
こけし友の会
こけし収集会

昭和ガーリー通販史に燦然と輝くスピリチュアル系アイテム

雑誌「マイバースデイ」が一つのきっかけとなって80年代に訪れたスピリチュアルブーム（占い&おまじないブーム）と時を同じくして、雑誌の通販にも数多くのスピ系グッズの広告が載っていました。「ラピスペンダント」、「ヒランヤペンダント」、「ローエングリン（白馬の騎士）ペンダント」、「アステカンブレスレット」など枚挙にいとまがないほど☆ その多くは実際に幸せを手にした購入者の体験談が細かい文字でぎっしりと載っており、「これは本当か、嘘か？」を吟味するべく、熟読していたものでした（嫌な小学生）。こちらの「白魔術グッズ」はとても美しく本格的！「ソロモン王」の威力は雑誌を読んですでにマスターしていたので（笑）、印章ペンダントや、占い師っぽい水晶球がとにかく欲しかった、そんな怪しい小学生でした。

4.

COSMETICS, TRAVEL AMENITIES

コスメ・アメニティグッズ

華やかなりし80年代ティーンズコスメ＆アメニティの世界へようこそ☆ プロダクトも広告もキャッチー＆ポップなものが多く、おきゃんで元気いっぱいな当時の女の子パワーを感じずにはいられない！ ニキビや唇のカサカサに悩んでいたあの頃こそが、まぎれもない「青春」だったんだよね。

幸せはこぶ星座のリップ、
あなた何座？
新発売
いま、海の向こうの女の子たちを夢中にさせている
コンステレーション(星座)・リップ・クリーム。
乙女座の人は乙女座、双子座の人は双子座の星座を……それぞれに運命づけられた星座のリップを持つだけで、なぜか想いが通じたり、願いごとがかなったり……。
くちびるに栄養を与え、ぬれた様に輝くだけでなく、幸せになれるというから、とっても不思議。さあ今すぐあなたも星座のリップを唇に！そして幸運を！
CONSTELLATION LIP CREAM
唇に輝きと栄養を！
キスミー
コンステレーション・リップ
●12星座各600円

昔は、今よりも12星座別のアイテムがたくさんあったような気がする。星座別のペンダント、星座別のおりがみ、星座別の消しゴムとか！　こちらはロマンティックが止まらない、12星座別のリップ・クリーム♡「持つだけで願いごとがかなう」というのはちょっと言い過ぎだが、そんなことを信じてみたくなるぐらいの神秘的なデザインである。

For Beautiful Human Life
Kanebo
さあ来い、ニキビ。
ニキビをくじき、少女を助けるマイデイト・フレッシュトリオ。
全国のニキビ困った困った少女の味方で〜す。
TPOに合わせて使ってね。
ニキビにつけて
フレッシュに、
つよ〜い味方の
薬用クリーム。
アクネ
フレッシュ
30g 600円(医薬部外品)
Kanebo
My date
acne fresh
MEDICATED CREAM
スポーツあとや
おでかけに、
水のいらない
清浄ローション。
クリーン
フレッシュ
170mℓ 800円 60mℓ 400円
(医薬部外品)
おめざめに
おやすみ前に、
洗顔しながら
ニキビを防ぐ。
フレッシュ
ソープ
60g 360円(医薬部外品)
新発売
ニキビを防ぐ
fresh soap
スキッと、ティーンレディ。
マイデイト
カネボウホームプロダクツ
TEL.(03)542-8670
※お近くのスーパー化粧品売場、ファンシーショップ、化粧品店で。

「さあ来い、ニキビ。」！ 青春の証でもある「ニキビ」は、ティーンにとって悩みのタネ。80年代は、手軽に買えてデザインもかわいいティーンズコスメ爆誕の時代となった。ハートモチーフが可愛い「マイデイト」は、爽やか＆キュートな中島はるみがイメージガール♡「2年B組仙八先生」でモックン（本木雅弘）が恋する相手役も務めた。

For Beautiful Human Life
Kanebo
美しきヒューマンライフをめざす
カネボウ化粧品
香りもぎたて3タイプ
ストロベリー・オレンジ・グリーンアップル
チャームリップ
新　発　売
CHARM LIP
CHARM LIP
CHARM LIP
3種 各450円
もぎたての新鮮な香りがくちびるにとまります。透きとおって、きらめいて。くちびるの荒れをふせぎ、すこやかにたもちます。
チャームリップ プレゼント
彼のひとこと大募集
このキャラクターをカネボウチェーン店のチャームリップ売場でみつけて、"猫の彼が彼女になんといってプレゼントしているのか"を考えて、ハガキに住所、氏名、年齢、電話番号を明記し、下記宛にお送りください（お友達と一緒に考えた場合はお友達の住所、氏名、年齢、電話番号も）しゃれたひとことを考えてくれた方10名様にチャームリップ3タイプをセットで、また惜しくも選にもれた方には抽選で毎月50名様にチャームリップをプレゼント致します
あて先：〒104東京都中央区銀座5−15−1 カネボウ化粧品宣伝販促室
チャームリップマーガレット係　締切り：1月18日(月)（当日消印有効）
なお、当選者の発表は賞品の発送をもってかえさせていただきます

お化粧するにはまだ早い…そんな女の子のマストハブが、リップクリームだった。「チャームリップ」は昭和 40 年代から発売されていたが、80 年代のものはクレヨン形かつロゴが電話モチーフ♡ さらにはストロベリー、オレンジ、グリーンアップルの 3 つの香り、広告モデルがヒロコ・グレースたん（！）という、非の打ち所がない名品。

Kiss Me
Hi! CHOCO!
TEMPORARILY OUT OF ORDER
SAVINGS BANK
つけてごらんよ、ほんのりパールに輝くワインチョコ！
1本で2色の輝きが楽しめる素敵なリップ。
おしゃれっぽ～いよ、ワインチョコ色のツヤ！
いまっぽ～いね、パールの輝き！
ほら、みんなが君のくちびるに大注目！
だから、あの娘はリップ・アップ・ベイビー！
いつも弾んだ気分で街を歩いてる。
シャインチョコつけたナイス・ギャル。
新発売
CHOCO
3 9470
ALOHA STATE
キスミーシャイン®チョコ
¥500
※シャインは当社の登録商標です。
キスミーシャイン®チョコ
ファッション・トレーナープレゼント
お好きな色のファッショントレーナーを抽選で総計3,000名様に
No.1 オレンジ
No.2 グリーン
No.3 パープル
No.4 ピンク
No.5 ブルー
ラストチャンス、抽選で1,000名様にビッグプレゼント！
●応募方法：新発売のシャインチョコのキャップに付いている"蝶のシール"を1枚、応募ハガキまたは官製ハガキに貼って①ご希望のカラーナンバー②住所③氏名④年令を明記してご応募ください。(ハガキ1枚にシール1枚を1口とします。)※お1人様何口でも応募できます。
●送り先：〒104-91東京都京橋局区内私書箱295号　キスミー「トレーナープレゼント」係
●応募締切：第1回抽選済、第2回抽選済、第3回締切—昭和57年12月25日(土)当日消印有効。
●賞品："ファッション・トレーナー"。サイズは女性のMサイズ。
●発表：賞品の発送をもって発表にかえさせていただきます。
おめでとう！スズキLOVE《ライトスクーター》〈ラブ〉当選者発表！
厳正な抽選の結果、216,327通の中から、右記の方々がご当選なさいました。
東京都台東区　菅 信
富山県富山市　前坪千枝
愛知県名古屋市　柴原ツヤ
東京都東久留米市　加藤 昌
大阪府和泉市　三好 恭
宮城県仙台市　佐藤 綾
栃木県宇都宮市　砥上実江
福岡県太宰府市　柳 田
北海道札幌市　香川まさ
広島県広島市　山田 松

「キスミーシャインリップ」は、唇に直接付けても、色のある口紅に重ね付けしても輝きのある唇を演出するという、日本初の革命的なつや出し専用口紅♡ 女の子のファッションが加速度的に進化した 80 年代は、コスメも同時にファッショナブル化していった。1982 年に発売された「チョコ」は、色も香りもチョコみたい！　広告もパッケージもポップだね。

For Beautiful Human Life
Kanebo
くちびる ほんのり 色つきリップ
くちびる ほんのり いちご色
カネボウ ルシル リップクリーム 唇の荒れ、乾燥を防ぐ。
〈ストロベリーレッド〉 400円
くちびる ほんのり ワイン色
カネボウ ルシル リップクリーム 唇の荒れ、乾燥を防ぐ。
〈グレープパープル〉 400円
くちびる キラリ つや出しリップ
くちびる つややか なめらか
カネボウ ルシル リップクリーム 唇の荒れ、乾燥を防ぐ。
〈レモンイエロー〉 400円
くちびる つややか なめらか
カネボウ ルシル リップクリーム 唇の荒れ、乾燥を防ぐ。
〈ミンツホワイト〉 400円
ストロベリーレッド
甘いストロベリーの香りの色つきタイプ。
グレープパープル
おとなっぽいワインの香りの色つきタイプ。
レモンイエロー
さわやかレモンの香りの透明タイプ。
ミンツホワイト
クールなミンツの香りの透明タイプ。
ファッショナブルで、かわいいミニサイズ。唇の荒れ、乾燥を防ぎ、すこやかに保ちます。
ベタつかず、ツヤのあるリップ
新発売
カネボウ
ルシル
リップ
各400円
※お近くのスーパー化粧品売場、ファンシーショップ、化粧品店で。
カネボウホームプロダクツ
TEL.(03)542-8670

1980年に発売された「ルシルリップ」。発売当初はおサイケなデザインだったが、よりポップなデザインに進化したのがこちら。このデザインだけでも迷わず「買い」だが、ストロベリー、グレープの2つはほんのり色つきタイプ、レモンとミンツはつや出しタイプと、全部揃えたくなる激カワラインナップだった♡

ライオンの
口中清涼剤
恋したら、息きらら。
なんとなく
風が心にしみるから
手と手をつないでみませんか。
やさしいあなたのぬくもりが
私の心につたわって
ポッとあつくなるのです。
MouthPet CHERRY
マウスペットチェリー
MouthPet MINT LIME
マウスペットミントライム
MouthPet COOL
マウスペットクール
お口のニオイを防ぐエチケット・スプレー［医薬部外品］
マウスペット
SHU!SHU!
お求めはスーパー・薬局・薬店でどうぞ／各360円(6ml)／ライオン株式会社
おとなになったらマウスミント
ペパーミント
スペアミント
●デートのまえに●お出かけのときに●お食事のあとに●口臭が気になるときに●気分転換に●

お年頃のティーンともなると、とたんに気になり始めるのが「口臭」！ ゆかしなもんも中学生のころ、学校に「マウスペット」をこっそり持って行ってはシュッシュとキメていた。手のひらに収まる小さなボトルがまたかわいくって。お気に入りは、後に発売になったラズベリー味だったな♡「恋したら、息きらら。」というコピーもまた素敵。

この肌
泡から
ボディー洗浄料に
生まれたてのフルーツの香り
シャワーを浴びてさっぱりして。その上、カラダは素敵な香りに包まれて。身につきましたか、ムシムシする季節が快適になるこの習慣。
たっぷり泡だち、肌に香りが残るバブルポップに、この夏、新しい香りが2つ誕生。もぎたてのフルーツの香りで、シャワータイムをますますたのしくします。
甘ずっぱい青い香り
グリーンアップル
ソフトで甘いデザートの香り
グレープフルーツ
背中までとどくニュータイプ
バブラブスポンジ
2色・各900円 新発売
BUBBLE POP
Grapefruit
Green Apple
携帯用はトラベル用　各400円
資生堂バブルポップ
グレープフルーツ・グリーンアップル各900円 新発売

菊池桃子×資生堂。誤解を恐れずに言うならば、これぞ昭和ガーリーコスメ界最強の組み合わせである。アクネ、リップアミュレット、バブルポップ etc…これまでに何度もイメージモデルを務めているが、桃子ちゃんのフレッシュさと資生堂のセンスのいいプロダクトは相性がよく、テレビ CM、ラジオ CM や雑誌広告、その全てがかわいいのだ！

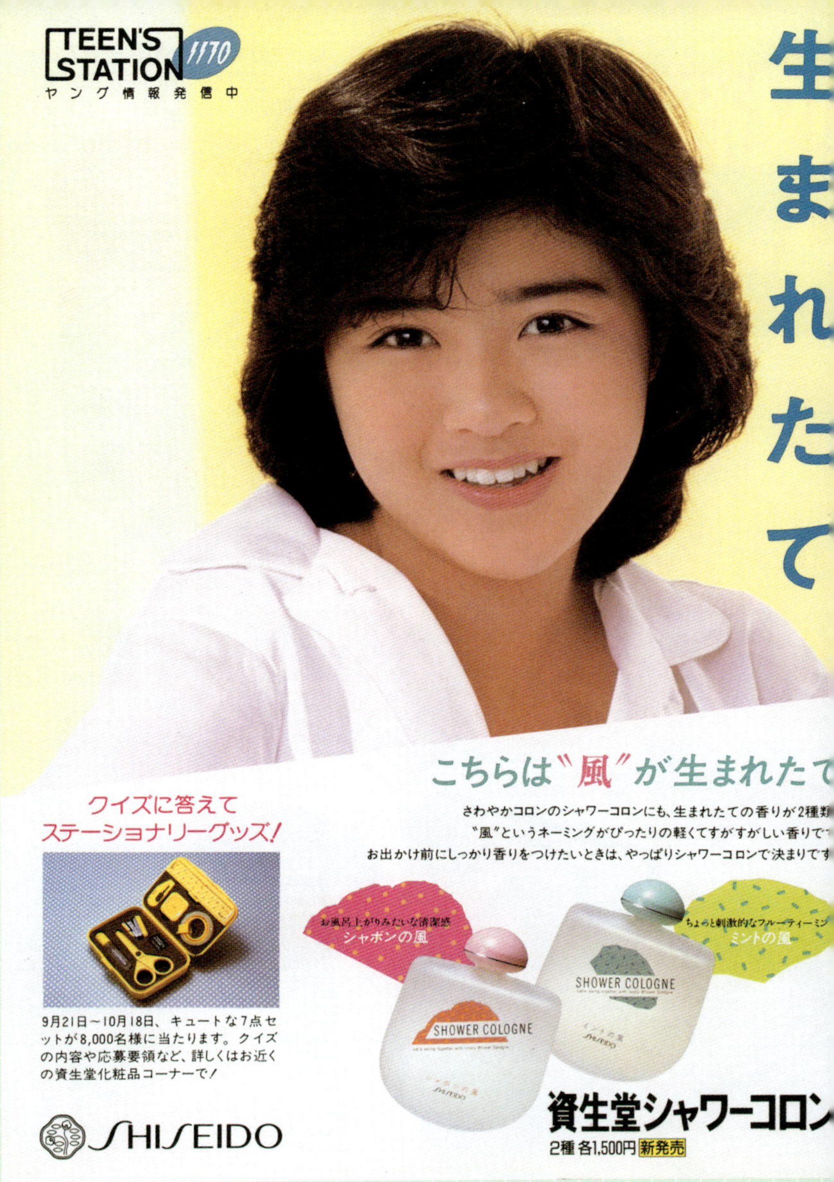
TEEN'S STATION 1170
ヤング情報発信中
生まれたて
こちらは"風"が生まれたて
さわやかコロンのシャワーコロンにも、生まれたての香りが2種類
"風"というネーミングがぴったりの軽くてすがすがしい香りで
お出かけ前にしっかり香りをつけたいときは、やっぱりシャワーコロンで決まりです
お風呂上がりみたいな清潔感
シャボンの風
ちょっと刺激的なフルーティーミン
ミントの風
SHOWER COLOGNE
SHOWER COLOGNE
資生堂シャワーコロン
2種 各1,500円 新発売
クイズに答えて
ステーショナリーグッズ!
9月21日～10月18日、キュートな7点セットが8,000名様に当たります。クイズの内容や応募要領など、詳しくはお近くの資生堂化粧品コーナーで!
SHISEIDO

ENNE
ハッピーなスキンケア
R. DU LYCÉENNE
カサつき肌には、洗顔ゼリー
ゼリーで洗顔。カサつき肌もなめらか、しっとり。みずみずしい肌でツルリとなります。
●リセエンヌ　ウォッシングゼリー〈洗顔料〉500円
ゼリーの化粧水で、しっとり
洗顔あとはうるおいをあげよう。スポーツの後の肌のほてりなどもスーッとしずめちゃう。
●リセエンヌ　フレッシュゼリー〈化粧水〉600円
肌あれを防ぐ エッセンス
肌あれしやすい部分にとっておきのエッセンス。弱酸性で、べたつかずカサつきをおさえます。
●リセエンヌ　モイスチャーゼリー〈美容液〉700円
すはだの手ほどき
……リセエンヌ
LYCÉENNE
しっかり洗顔したあとは、うるおいしっとり化粧水。洗顔と、肌への水分補給のために、リセエンヌあなたの肌の友だちです。
リセエンヌ
SHISEIDO

まさにリセエンヌブームの 1986 年！ 資生堂から発売されていた「リセエンヌ」は、ちょっとレトロガーリーなラベルのデザインが素敵なシリーズだった。雑誌「オリーブ」の、いわゆる「オリーブ少女」にダイレクトに向けられた広告。パリ人気はコスメ界にも影響していたんだね。広告モデルの川村ティナ（当時 ディナ・ジャクソン）ちゃんもキュート！

LYCÉ
オリーブ少女へ‥‥
いい顔しよう
リセエンヌ
新発売
テカテカ肌には、洗顔フォーム
しっかりと洗うならクリーム状の洗顔料。汚れには、きれいさっぱりサヨナラしましょう。
●リセエンヌ ウォッシング フォーム〈洗顔料〉500円
ローションで、すっきり
洗顔あとには、さわ
かローション。肌を
きしめる、スキッ
た感触がとてもス
●リセエンヌ フレッシュ ローション〈化粧水〉60
……さ、
せっせとお手入れ
やさしいタッチの洗顔スポンジ
すみずみまでキュッキュと洗えるスポンジ。ソフトとハード、1つで2通り使い分けができます。
●ウォッシング スポンジ(リセエンヌ用) 3色・各350円

For Beautiful Human Life
かわいいルシルリップに
「パール」が仲間入り。
新発売！
パールのかがやき
カネボウ
ルシル
リップクリーム
唇の荒れ
乾燥を防ぐ
くちびるキラッと
ほんのりベニ色
〈シルクパールレッド〉
440円
チャーミングなプラムの香りの色つきパールタイプ。
パールのかがやき
くちびるキラッと
ほんのりピンク色
〈シルクパールピンク〉
440円
やさしいピーチの香りの色つきパールタイプ。
くちびるキラッと
パールのかがやき。
各440円
パールのかがやき
くちびるキラッと
ほんのりワイン色
〈シルクパールワイン〉
440円
しゃれたワインの香りの色つきパールタイプ。
パールのかがやき
くちびるキラッと
ほんのりサクラ色
〈シルクパールチェリー〉
440円
キュートなチェリーの香りの透明パールタイプ。
人気の「色つき・つや出し」に「パール」を加えて、ルシルは2タイプ8品種に。
くちびる
ほんのり
いちご色
〈ストロベリーレッド〉
400円
ストロベリーレッド
甘いストロベリーの香りの色つきタイプ。
くちびる
ほんのり
ワイン色
〈グレープパープル〉
400円
グレープパープル
おとなっぽいワインの香りの色つきタイプ。
色つきタイプ 各400円
くちびる
つややか
なめらか
〈レモンイエロー〉
400円
レモンイエロー
さわやかなレモンの香りの透明タイプ。
くちびる
つややか
なめらか
〈ミンツホワイト〉
400円
ミンツホワイト
クールなミンツの香りの透明タイプ。
つや出しタイプ 各400円
〈唇の荒れ、乾燥を防ぐ。〉
カネボウ
ルシル
リップ
カネボウホームプロダクツ
お近くのスーパー化粧品売場、ファンシーショップ、化粧品店でどうぞ。 TEL(03)542-8670

P128の「ルシルリップ」に、パールバージョンが仲間入り！　少女漫画チックな女の子のイラストもかわゆい♡ パーリィな輝きの唇は、一時期聖子ちゃんのメイクでもあったように（「天使のウインク」のころかな？）、すごくかわいかったんだよね〜♫ 自分が似合うかどうかは別として…。

楽しくみがいて
ムシ歯予防
★フッ素配合でムシ歯を予防します。
★使いやすいラミコンチューブ入り。
レオ
いちご
メロン
パイン
3本セットのレオトリオも、よろしく。
透明《キラキラ》はみがき
レオ
スキとーったハミガキ。
いちご
パイン
メロン
ライオンの
ハミガキ製品
ライオン株式会社
LEO
あなたの恋も、キラキラするよ!

従来の「歯磨き粉」に、ガーリー×フルーティー×スペーシー×シャイニー×ドリーミー♡の全てのときめき要素を特攻（ぶっこ）んだ名品。ゼリーのように透き通ったかわいい色に、いちご、パイン、メロンの３つのテイストは、まさにスイーツのような甘さだった。広告モデルの河上幸恵ちゃんが出ていた、未来的なテレビ CM も忘れがたい！

BON COSMETICS.
もう、髪恋にムチュウ！
だって、
髪はサラサラ。
香りがピュア〜！
私、植物派体験中です。
フレグランス
（香水調でちょっと大人の気分）
★各250ml 定価500円
シトラスコロン
（フレッシュレモンの香り）
★各250ml 定価500円
フルーティコロン
（フレッシュグリンアップルの香り）
★各250ml 定価500円
髪を愛するオトメに
うれしい植物派
髪恋シャンプーとリンス。
BON
髪恋
シャンプー・リンス
●アロエエキスと9種類の植物エキス配合
髪、いつまでも健やかに美しく
発売元 ボン化粧品
東京都杉並区南荻窪4-36-4 でんわ03(332)1011
製造元 株式会社モルトベーネ
東京都杉並区井草3-32-8

シャンプー＆リンスの香りが、まるで香水やコロンのように劇的に進化したのも80年代の特徴と言えるかもしれない。「恋コロン、髪にもコロン…」という商品があったが、こちらは名門モルトベーネが手がけていた「髪恋」。いかにも80年代っぽいパステルポップなボトルデザインと、テニスウェアのガールズトリオがフレッシュでイイね☆

For Beautiful Human Life
Kanebo
泡と香りのタッグマッチ。
シトラスの香り
フルーティの香り
アワ
ブク
ホンワカ
いい香り。
泡いっぱいで、
香りもいっぱい。
全身洗える
液体ソープ。
ボディコロンソープ
ボディコロンソープ 各250mℓ 400円／ジャンボ
サイズ 各700mℓ 950円〈シトラス・フルーティ〉
お買い求めは、お近くのスーパー、化粧品店、薬店で。
カネボウホームプロダクツ
TEL (03)542-8670

固形石鹸を必死に泡立ててゴシゴシ身体を洗っていた過去のアタイよ、さようなら！　ポンプに入った液体のボディソープの登場は、新時代の到来を予感させた。プロレス風のデザインがユニークだが、「コロン」という名前のとおり、シャンプーと同様、ボディソープ業界でも求められたのは「香り」の付加価値だったのだ♫

Kiss Me
危険な、色、
かも、
しれないね。
ホワイトパール
パープルピンク
純情したり、誘惑したり……。
アンバランスが素敵なんだね、キミ。
キスミーシャイン® パステルパープル
新発売
15 新発売
Pastel Purple
はずんでドキドキパープルシャワー
パステルパープル
¥500
¥500
シャインは、
いつも、
あたらしい。

1970 年から始まった輝かしい「キスミーシャインリップ」シリーズで、1985 年に登場したのが「パステルパープル」だった。ちょっとロックなテイストも感じさせる、オトナなシャイニーパープル☆ そのキャッチコピーのように「危険な、色、かも、しれないね。」（句読点が多いよっ！）

Kiss Me
フィーリング・パリ。
おとなの、
ピンク。
新発売!!
キスミー シャイン®
ミスティピンク
リセエンヌからパリジェンヌへ。
パリのオンナのコたちは
ちょっとシックでロマンチックな
ピンクのくちびるが
お気にいり。
ほかにもいろいろ
シャインはall 500yen
WINE
RED
Pastel
SHINELIP
新発売
くちびるにパリ ミスティピンク
MISTY PINK
キスミー シャイン® ミスティピンク
¥500
キスミー シャイン® ワイン
キスミー シャイン® レッド
キスミー シャイン® パステルピンク
キスミー シャイン® リップ

70 年代にニューヨークをイメージした「キスミーシャインモカ」は存在したが、こちらは「くちびるにパリ」というコンセプトの「ミスティピンク」♡ 時は 1986 年、昭和ガーリー界はまさにリセエンヌブーム真っ盛り！「ミスティピンク」はパリジェンヌ向けのちょっぴりアダルティ＆ミステリアスなピンクパール色だった。

Beまでしたら、あげちゃいます。
高感度ダイナミックイヤホン付
FOAM
BLOW
GEL
●TUNING
VOLUME ●L H●
Be STYLING
EARPHONE
●ON/OFF
オリジナルデザイン
抽せんで、1,000名さまに。
カードラジオプレゼント!!
とりあえず応募要項、読めばもらえる、かもしれない。■応募方法／Beスタイリングフォーム（ハードタイプ、ソフトタイプ）、Beスタイリングジェル（レギュラー、ハード）に添付されているハート形♥タッグの応募シールをハガキに貼り、①郵便番号、②住所、③氏名、④お買上店名、⑤お買上商品名を明記してご応募ください。■景品／キャンペーン応募締め切り後、抽せんで1,000名さまにBeデザインのカードラジオ（厚さ6×幅54×高さ84mm、AM専用）をプレゼントいたします。■あて先／〒103東京都中央区日本橋2-1-10 ㈱柳屋本店カードラジオプレゼント係 ■応募期間／昭和61年10月21日〜昭和61年12月31日■発表は景品の発送をもってかえさせていただきます。（発送は昭和62年1月）
アワだからカンタン。
ナチュラルな輝きで、ルンルン。
ふんわり仕上げのソフトタイプと、
カッチリ仕上げのハードタイプ。
おとめごころがウカれる、200g。
かなり使えて、¥900です。
ジェリーだからキマる。
ハーブエキスが、やさしく守る。
キリッ仕上げのレギュラータイプと
カチッ仕上げのハードタイプ。
チャメコさんのヘアに160g。
かなり遊べて、¥700です。
STYLING
Be
Be STYLING
FOAM
Be STYLING
GEL
YANAGIYA PRESENTS

柳屋から1985年に誕生したのが、ヘアスタイリングの「Be」シリーズだった。ゆかしなもんは当時クセ毛＆剛毛かつベリーショートだったので、日々「デップ」やこの「Be」のカラフルなヘアジェルとムースを愛用し、髪型を男の子のようにバッキバキに固めていたのだった（若気の至り）。プレゼントが「カードラジオ」というのに時代を感じる♫

KissMe
SHINE COCKTAIL
伝言板
まゆみへ
いま、1ばん
新しいリップ
㊙で教え
てあげ
るネ。
うれ
ぴがる
キミがマ
ブタに浮か
ぶーね、ふーふーっ。
From ゆかー
SHINE COCKTAIL
PEARL TYPE
いま、
いちばん新しい
最新りっぷ
こんどのリップはオ・モ・シ・ロ・イ!!
シャイン・カクテルは3タイプ 全6色で新発売。
●透明感のあるつや有タイプ
●ほんのり輝くパールタイプ
●ミステリアスに変光するチェンジタイプ
all 500yen
キスミー HEART-TOUCH♥MATERIAL
シャイン® カクテル
〈01〉ミルキィピンク
〈02〉カンパリワイン
〈11〉ホットピンク
〈12〉キューティピンク
〈21〉アイスピンク
〈22〉ムーンライトオレンジ

1987年に発売された細身タイプのリップ「シャインカクテル」。伝言板ふうの広告の「うれぴがるキミ（うれしがる君）」という「のりピー語」ももちろん見逃せないのだが、当時の丸文字文化の象徴ともいえる書体「ルリール体」がふんだんに使われていることに嬉しさと懐かしさが全力でこみ上げる。そう、私はおニャン子世代！

多いときで年間 1000 万本以上も売れていた「キスミーシャインリップ」シリーズ。中学生から大人のお姉さんまで、みんなが愛用していた。ここまで愛された理由は「あんなとき、こんなとき。やっぱり、シャイン」というキャッチコピーに表れている。あみだくじふうの広告も楽しいネ。あらためて、「シャインリップ」よ、ありがとう♡

ライオンの
制汗デオドラント
ライオン株式会社
ヒヤッと素肌がよろこぶ香り。
ヒヤッとワキの下フワッと香ります。
女の子だもん、ひんやり素敵に香りたい。だから私はBan16。ワキの下にシュッするだけで、ヒヤッと素肌がよろこぶの。今度、〈ぴゅあなフレッシュグリーン〉が仲間入りしたヨ。選べる6つの香りがうれしいネ。
酒井法子
香りの制汗デオドラント
Ban16
Powder Spray
Ban16
ぴゅあなフレッシュグリーン
制汗デオドラント
フレッシュグリーン新発売
香りで選べるバン16
●はじける〈レモンライム〉●すきとおった〈ミント〉●ぴゅあな〈フレッシュグリーン〉●すがすがしい〈グリーンフローラル〉●さわやかな〈シトラス〉●みずみずしい〈フローラルムスク〉——76g 各480円/155g 各780円

誰がなんと言おうと、私はのりピー（酒井法子）が好きである。テレビ CM で「ヒヤッと素肌がよろこぶ香りよ♡」とのりピーが言っていたから、「Ban16」を買ってきて、セーラー服の隙間からこれでもか、と自らを鼓舞するように噴霧したものだった。友だちに「やり過ぎ！」と言われながらも。しかし、当時６種類も香りのラインナップがあったのね！

MENTHOLATUM®
ね、ね！くちびる事件よ！
CAMPUS LiP NEWS
JELLY TYPE
キャンパスリップにジェリータイプが新発売!!
「こんなの待ってたの」いま、女の子に人気の的！
ついにワタシたちのキャンパスリップにもジェリータイプができちゃった。それも、こんなに可愛いチューブになって、とってもゴキゲン！
早くもキャンパスにジェリー旋風を巻き起こしそうな気配です。
可愛いだけじゃないジェリーだから唇ツヤツヤ
スティックタイプとひと味ちがうなめらかな感触と、のびの良さがウレシイ。唇のシワまでしっかり入り込むから、うるおい効果もぐんと長持ち。ビタミンE、メントール配合で、カサカサをおさえ、しっとりツヤツヤにしてくれちゃう。香りはミントとレモンの2タイプ。そのままぬれるチューブ入りだから、どこでも唇ケアOKよ！
CAMPUS
CAMPUS JELLY TYPE LiP MENTHOL MINT
CAMPUS JELLY TYPE LiP MENTHOL LEMON
新発売
JELLY TYPE
ジェリータイプ
薬用 キャンパスリップ
MENTHOL MINT
ジェリータイプ
薬用 キャンパスリップ
MENTHOL LEMON
5,000名様に抽選でプレゼント！
メンソレータム ナースドール Nurse Doll オルゴール付
プレゼント
■応募方法 商品の台紙にあるナースマークの表面をはがし、官製ハガキの裏面にのり付けし、郵便番号、住所、氏名、職業(学年)、年齢を書いてお送りください。昭和64年2月28日必着まで(当日消印有効)
■あて先 〒544大阪市生野局私書箱1号 ロート製薬株式会社 メンソレータムナースマークキャンペーンMB係
薬用 キャンパス リップ ジェリータイプ
ROHTO ロート製薬株式会社

激動の 80 年代にティーンネイジを過ごしてきた者として、新発売のティーンズコスメには敏感で、柔軟に受け入れてきたつもりだったが、あの「キャンパスリップ」のジェリータイプが出てきたときはさすがに度肝を抜かれた。ジェルタイプだから唇への浸透力がハンパないし、途中で折れることもない。まさに「くちびる事件」だったよね！

健康人生・応援します
アルマン
おとめのエチケット
お口で
サッと溶ける
つぶつぶカプセル
●大切な人と会うまえに…
●お口のニオイが気になる時に…
●気分をスッキリさせたい時に…
●ニオイのきついものを食べた時に…
お口の（ニオイ）をふせぐ
キャンビーズ
カプセルがお口の中ではじけ
さわやかミントの香りが広がります。
ペパーミント
アップルミント
ライムミント
医薬部外品 80粒入 380円（税抜価格）
キャンビーズ
（口中清涼剤）
●香りに興味を持ち始めた女の子達におすすめ
●さっとひとぬり、使いやすいペンタイプ
●香りはシトラス・フローラル・ローズ・
オリエンタルの4種類
●トワレなので香りがながもち
●バッグに、ペンケースに…持ちはこびカンタン
ペン先は
ポリエステル使用なので、
ひとぬりで香ります。
●さわやかな香り モーニングシトラス
STICK COLOGNE T·P·O Morning Citrus
スポーツに、オフィス・学校で
●清楚な香り サンシャインフローラル
オフィス・学校で、昼のデートに、コンサート・パーティーに
●華やかな香り サンセットローズ
コンサート・パーティーに、アフターファイブのデートに
●神秘的な香り オリエンタルナイト
STICK COLOGNE T·P·O Oriental Night
夜のデートに、ディスコで
新発売
化粧品 480円（税抜価格）
スティック コロン
T·P·O
ティー・ピー・オー

80年代は「エチケット」というキーワードがササる時代であったが、口中清涼剤の「キャンビーズ」はクリアなつぶつぶのカプセルやパステルカラーのケースがすごくかわいくて、とくに印象に残るエチケットアイテムだった♡ ペンタイプの「スティックコロン　T・P・O」もかわいい！　夜のデート、ディスコ向けの「オリエンタルナイト」が気になる。

暮らしひろがる 世界の品質
P&G
なるほど
〝サルファ・レゾルシン〟処方だ。
これが、ニキビのお薬
クレアラシルの力なんですね。
クレアラシルは
サルファ・レゾルシン処方だから、
【作用①】ニキビの頭部を開いて、
【作用②】皮フの余分な脂を吸収し、
【作用③】ニキビを乾燥して治します。
しかも、お肌にやさしい中性です。
だから、本気でニキビを治したい人におすすめします。
【医薬品】
ニキビのお薬クレアラシル
クレアラシル CLEARASIL
Clearasil
CLEARASIL SOAP
クレアラシル ソープ
【医薬部外品】
ニキビの予防に
クレアラシル ソープ
電話でコミュニケーション フリーダイヤル 電話番号 0120-021321
クレアラシルの製品や広告について、ご質問や感想をどうぞ。
ニキビの相談ダイヤル フリーダイヤル 電話番号 0120-021800
受付時間：月曜日～金曜日（午前10時～午後4時まで）
ニキビについて、専門の保健婦がアドバイスします。（実際の治療・診断に関する相談はご遠慮ください。）
プロクター・アンド・ギャンブル・ヘルスケア株式会社
〒541 大阪市中央区高麗橋4丁目2番16号

ニキビで悩んでいたころ、何度もお世話になったのが「クレアラシル」だったが、意味がわからないながらも「サルファ・レゾルシン処方」という謎のワードを覚えてしまい、それから大人になってもずっと呪文のようにつぶやいてしまうのは私だけではあるまい（私だけか）！　とにかく「サルファ・レゾルシン処方」のインパクトが心に残る広告。

発売元 資生堂商事株式会社
霧子と小霧子
シトラス、ミント、フローラル、
3つの香り 各900円(スプレーつき)
カラダじゅうに、香りのシャワー。霧子
シトラス、グリーン、ミント、フローラル、ムスク、
5つの香り 各350円(医薬部外品)
シュッと、香りのデオドラントペンシル。小霧子
シトラス、ミント、フローラル、
3つの香り 各600円(医薬部外品)
さらっと、香りの制汗&デオドラントパフ。小霧子パウダー
はじめてなんです。パフでつける、固型タイプの制汗&デオドラントパウダー、小霧子パウダー新発売。
さらっさらの肌ざわりで、粉とびなし。
汗のベタつきはもちろん、いやなニオイだって防いでくれます。
シトラス、ミント、フローラル、3つの香り。
可愛いパフをつまんで、わきに胸に首すじに、どうぞ。
デビュー
そのうえ
可愛い、
小霧子《こきりこ》パウダー。
香りのパフで制汗&デオドラント。

学生時代から異常なる汗っかきだった私にとって制汗剤はマストアイテムであったが、まさかこんな魔法のようにかわいいパウダータイプのコンパクトが出るなんて想像だにしなかった。今見てもやっぱり最強ラブリー&ファンシー♡30年経った今も、まだ鼻腔の奥にその香りの記憶が残っているぐらい大好きだった、伝説のアイテム。

ライオンの
洗顔フォーム
ライオン株式会社
素肌に、新やさしい。
アミノ酸のチカラ、
「ページワン」
ページワンは、お肌にやさしい。●ページワンは、お肌のうるおい成分NMF(天然保湿因子)と同じアミノ酸系。おだやかな弱酸性なので、お肌の自然なうるおいを損いません。何回洗っても、つっぱる感じがしません。ページワンは、ヨゴレをしっかり落とします。●ページワンは、お肌の古い角質やホコリ、余分な皮脂などをきれいに取り除きながら、毛穴や汚れまでしっかり洗い落とします。
すっきり洗える
サラサラパウダー入り
PAGE ONE
ページワン
洗顔フォーム
すっきりタイプ100g
すっきりタイプ50g
新しいパッケージで、
素肌にさらにやさしくなりました。
アミノ酸系洗顔フォーム。
PAGE ONE
●ページワンでキャンペーン中!
いま、ページワンについているP_1シールを官製ハガキに貼り、〒住所・氏名・年令・職業・電話番号を明記のうえ、〒100-91 東京中央郵便局私書箱1040ページワン「ビートボーイズ」シングルCDプレゼント係までお送りください。抽せんで3000名様にシングルCDをプレゼントします。(7/20消印有効)

とろりん（西村知美）がデビューしたときの衝撃は今も忘れることができない。こんなにかわいくてピュアな女の子がいるのかと…！ そのピュア＆フレッシュなイメージをそのままに、アミノ酸系洗顔フォーム「ページワン」の広告モデルを務めていた。青いさらさらパウダー入りの、洗顔フォームの使い心地もまた懐かしい。

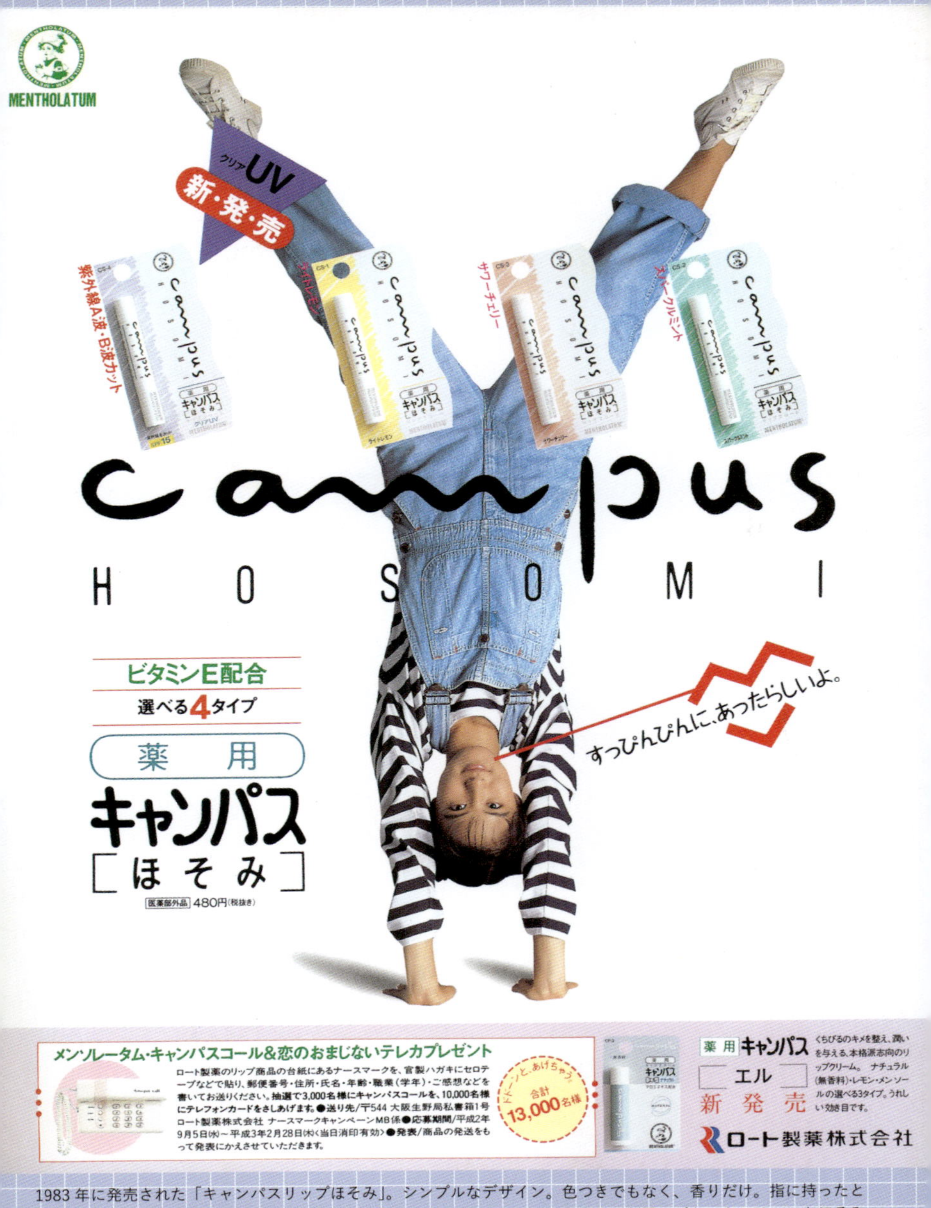
MENTHOLATUM
クリアUV
新・発・売
紫外線A波・B波カット
ライトレモン
サワーチェリー
スパークルミント
campus
HOSOMI
ビタミンE配合
選べる4タイプ
すっぴんぴんに、あったらしいよ。
薬用
キャンパス
[ほそみ]
医薬部外品 480円(税抜き)
メン'ソレータム・キャンパスコール&恋のおまじないテレカプレゼント
ロート製薬のリップ商品の台紙にあるナースマークを、官製ハガキにセロテープなどで貼り、郵便番号・住所・氏名・年齢・職業(学年)・ご感想などを書いてお送りください。抽選で3,000名様にキャンパスコールを、10,000名様にテレフォンカードをさしあげます。●送り先/〒544 大阪生野局私書箱1号 ロート製薬株式会社 ナースマークキャンペーンMB係●応募期間/平成2年9月5日(水)～平成3年2月28日(木)〈当日消印有効〉●発表/商品の発送をもって発表にかえさせていただきます。
ドドーンと、あげちゃう。
合計 13,000名様
薬用 キャンパス
エル
新発売
くちびるのキメを整え、潤いを与える、本格派志向のリップクリーム。ナチュラル(無香料)・レモン・メンソールの選べる3タイプ。うれしい効き目です。
ロート製薬株式会社

1983 年に発売された「キャンパスリップほそみ」。シンプルなデザイン。色つきでもなく、香りだけ。指に持ったときにしっくりくる、あの絶妙な細さと軽さ。デイリーユーズにまさにぴったりで、制服のポケットにはいつもほそみが入っている…そんな等身大のマイリップが、「ほそみ」だった。逆立ちしている広告モデルは中江有里ちゃん！

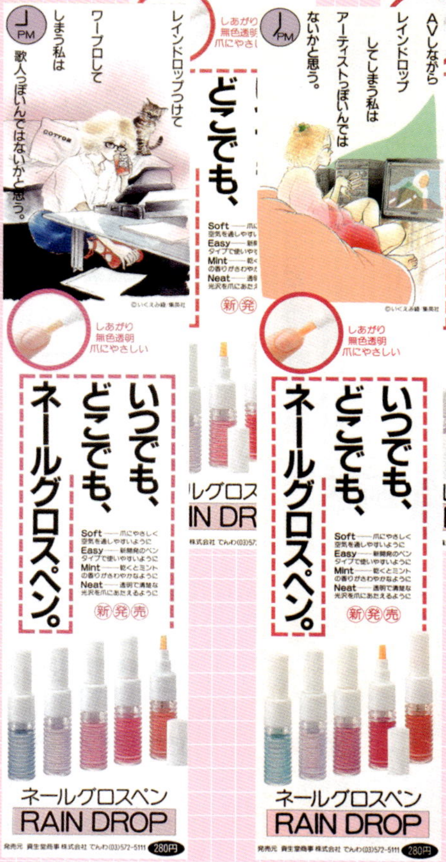

マニキュアにすごく興味があるのに、まだ手を出せない…そんなコスメ引っ込み思案のアータにぴったりだったのが、クリアなカラーのネールグロスペン！「レインドロップ」というネーミングも素敵だが、様々な使用シーンが、かの「いくえみ綾」先生のイラストで紹介されているという贅沢さ！　どのイラストも素敵〜(涙)。

5.
FASHION

ファッション

ティーンズファッションが劇的に進化し、様々な流行が生まれ、女の子が自由にオシャレを楽しむようになった80年代。かのDCブランドブームの他にも、キュートなティーンズ系ファッションブランドがわんさかあって、ウインドウショッピングをするだけでも本当に楽しかったな。貴女の好きなブランドは何でしたか？

今日はなに色? 青春を描くコア。
今日、大好きなものは、クリームソーダ。
そしてジーンズ、英語の授業、ロックンロール、
トレーナーを着た彼、ピンクのコア。
明日はなにが好きになるかな。
コアと描く青春、白いキャンパス。
コア90
色＝ターコイズ・白・黒
ローズ・黄・パープル
サイズ＝22.0→24.5cm
コア24
色＝ピンク・ベージ・白・黒
サイズ＝22.0→24.5cm
コア72
色＝パープル・黒・白・ローズ
ターコイズ・黄
サイズ＝22.0→24.5cm
CORE
Lady's Fashionable Canvas by Asahi Shoes
Asahi shoes
日本ゴム株式会社

日本ゴム（現アサヒシューズ）は古くから運動靴の製造で名を馳せ、サンリオのキャラクター女児向けシューズなどを手がけてきた老舗。乙女ゴコロをくすぐる「CORE」シリーズはカジュアル＆ラブリーな'80sファッションにマッチするラインナップ♡ 青春のキラキラした1コマを思い出させるコピーも秀逸！

オシャレしたのにおバカさん
初めてのデートなのに
ジェットコースターのてっぺんで
両手を振ってるおバカさん
私をひとりぼっちにすると
メリーゴーランドに乗って
別の王子さまを探しに行っちゃうから
PETITCAN
プチキャン
商品についてのお問い合わせは
プチキャン事業部：〒166 東京都杉並区
高円寺北2-6-1 第2京橋ビル7F ☎03(336)9861
大阪営業所：〒530 大阪市北区梅田1-5
大阪駅前第四ビル11F15号 ☎06(341)1856
株式会社レモン：〒166 東京都杉並区高円寺南4-28-3高円寺ビル

80年代はDCブランドと言われる高級なブランドものの他にも、「cantwo」や「CAN」、「HONEY HOUSE」、「RICH GIRL」、「CABIN」など、ティーンズ向けのガーリーアパレル百花繚乱♡な、幸せな時代だった。こちらの衣装も、大きめな襟がいかにも'80sなドレス。ポシェット＆レーシィな靴下で、とことんガーリーにキメてるね！

もててます。ソックス美人。
ずり落ち解消！ スマートな足もと
特許出願中
ゴム部のうら側に特殊加工をしてあります。P52-15946
輝いていますね。もてもての彼女。ご愛用のソックスは、トップタッチ®。さすがですね。ずり落ちないので、足もとはいつもスッキリ。「♡君」の熱い視線も恐くない、どんどんはずんでください。さあ、あなたも今日から、ソックス美人の仲間入り。いま、グンゼから、青春たちに、発売中。
ずり落ち防止ソックス
トップタッチ®
★写真のトップタッチ〈2足入〉サイズ22～24用を抽選で30名様の方にプレゼントします。ハガキに住所、氏名、年令をご記入の上、下記のところまでお送りください。
●送り先　〒530 大阪市北区梅田1丁目8番17号 第一生命ビル
グンゼ株式会社　トップタッチSN-2係　〆切5月9日。当日消印有効。
グンゼ
Top touch.

昭和の女子学生たるもの、ソックスはピッチリキッチリ伸ばしてはく！　という時代だった。靴下がずり落ちないための糊のような「ソックタッチ」というアイテムもあったけど、こちらは特許技術でずり落ちないという特殊な靴下！ すっきり足元で「♡君」の熱い視線も怖くない☆ まさか後に、ルーズソックスが流行る時代が来るとはねェ～。

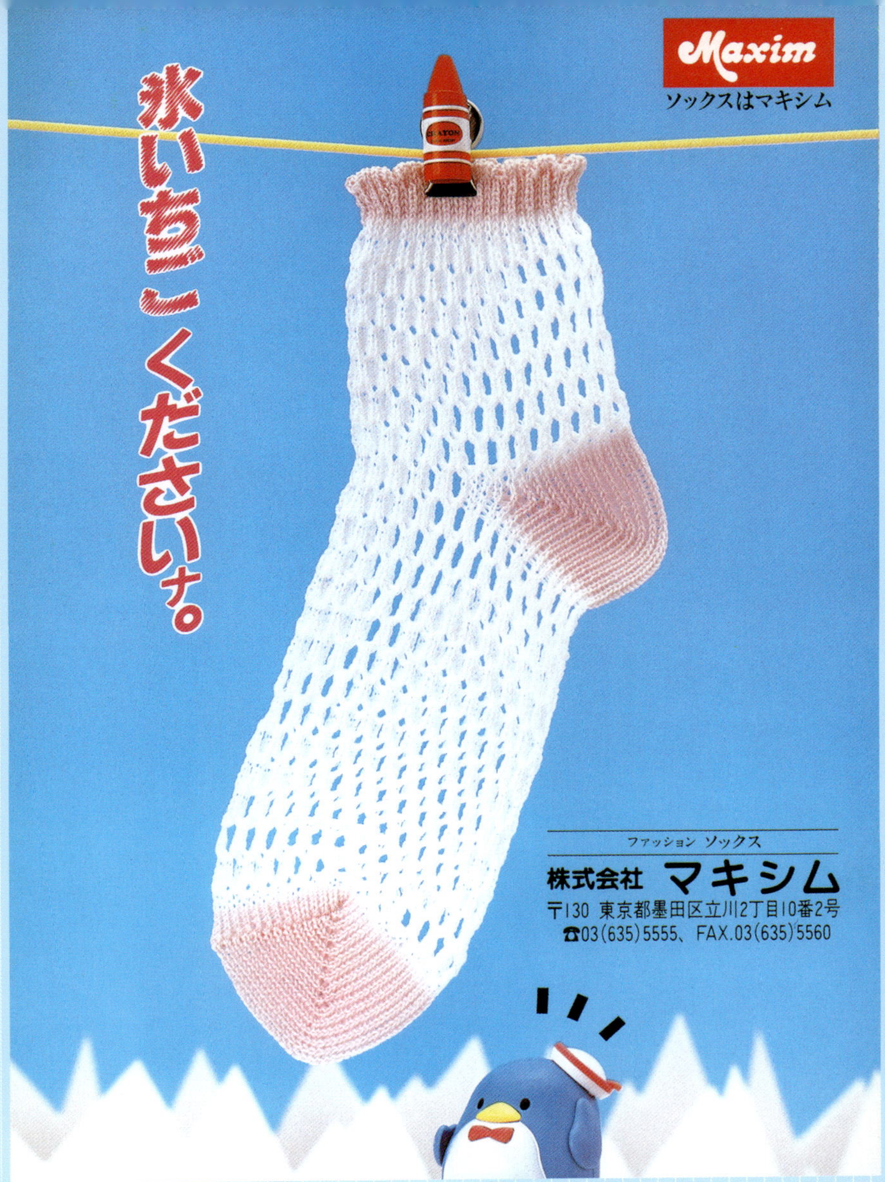

いわゆる象足豚足の私も、80 年代にたくさん世に出ていたかわゆい靴下には本当にときめき、「おしゃれは足元から」の格言（？）を実感したものだった。こちらは、ピンクと白のメッシュの靴下を「氷いちご」に見立てたキュートな広告♡ 思わずはいてみたくなるよね。クレヨンのクリップやペンギンキャラも見逃せないガーリーポイント！

☎テレフォン・オーダー
(052)251-0789
ベルカード会員募集中
SUZUTAN BELL CARD
1234-5678-9000
●パンフレットご希望の方は、おハガキでどうぞ。
とまどいやためらいを消してくれるのは、白。秘密を胸の奥にしずめておくなら、黒。
反発しながら強く魅きあう、ふたつのカラー。身にまとうごとに心が揺れて、
もうひとりの自分を刺激するようです。SUZUTANは、この冬、ミスティなファッション畑。
白と黒の間をただよう神秘、こっそり探りにいらっしゃい。
COAT & PARTY '86
●写真：ロングコート（左・白）¥9,800 コートonコート（右・黒）¥12,800
もぎたて
HOUSE
SUZUTAN
HEAD OFFICE 15-37 SAKAE 3-CHOME NAKA-KU NAGOYA PHONE 052-242-1171

1980年代のヤングレディースファッション界に「SUZUTAN」&「リオ横山」あり！ どちらも魔都・名古屋がルーツのブランドだが、トレンドを押さえつつチープなプライス設定がウリで、この2店には足繁く通ったという昭和世代も多いはず。今となってはすでにショップが存在しないことが寂しい。往時の勢いやときめきを思い出させてくれる広告。

サクサク。神秘をふりかけて、お召しあがれ。

1979年、名門EDWINから女の子のためのデニムとして生まれたのが「SOMETHING」だった。この広告を見るだけで、あの切ないフレンチポップ「哀しみのアダージョ」をBGMに、雨上がりの街をパリジェンヌが颯爽と歩く、かの有名なテレビCMが脳内を流れて、泣けてきちゃう！ モノクロ×赤が鮮烈な印象を残すアートワーク。

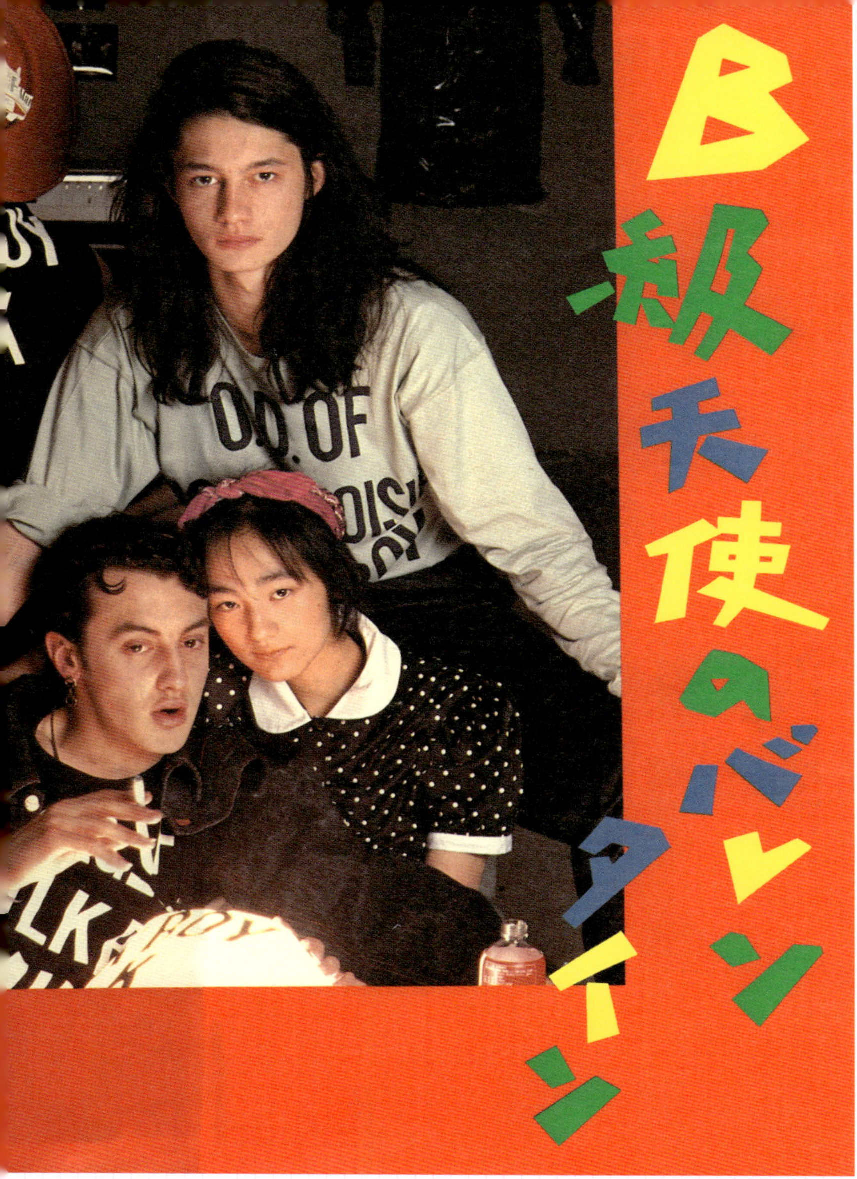

1987年の広告。当時私は「MILK」のガーリーな服が似合うはずもない田舎もんの少女だった。自分に自信もなかったし。しかし、MILKフリークだった姉とともに何度もショップに足を運ぶうちにMILKのコンセプト、デザイン、センス、品質、その全てにすっかり魅了されていたのだ！　未来永劫、MILKは私たちの憧れであり続けるだろう。

MILK

原宿MILK☎03-403-6555
池袋西武MILK☎03-981-0111
京都阪急MILK☎075-223-2288
札幌MILK☎011-221-8065
仙台フォーラスMILK☎022-264-8086
高崎高島屋MILK☎0273-27-1111
甲府ピアストリート16MILK☎0552-22-0016
福井だるまや西武MILK☎0776-27-0111
名古屋K'S BEE MILK☎052-961-3814
神戸ヒューストン101 MILK☎078-332-0449
小倉玉屋MILK☎093-582-1111

塩釜アンデルセンフォーオリーブ☎022-366-3136
熊谷クランチ☎0485-24-9399
長野ドリブル☎0262-28-2139
金沢ペーパームーンスタジオ☎0762-22-9276
名古屋ペグ☎052-452-0600
津スタジオ100☎0592-27-5191
和歌山アズハウス☎0734-28-2680
大阪マリアテレサ本店☎06-211-6558
大阪マリアテレサアポロ店☎06-643-8104
大阪マリアテレサエスト店☎06-374-0659
大阪マリアテレサ堺東店☎0722-38-1101
大阪SHUZO☎06-373-3515
倉敷オリーブハウス☎0864-26-0208
広島丸善☎0822-47-0002
高知ブルール☎0888-25-1333
福岡ジンジン☎092-761-6220
小倉ミルフィーユ☎093-551-1220
長崎MILK☎0958-22-2400
熊本MILK☎096-354-6926
宮崎スタジオワン☎0985-28-7755
鹿児島リセエンヌ☎0992-22-3129
岡山サーカス☎0862-32-9153
静岡ふぁっしょんの館☎0542-55-3827
刈谷ビーズ☎0566-24-5375
久留米AD HOUSE☎0942-35-3800

MILK BOY

原宿MILK BOY☎03-497-1603
札幌MILK BOY☎011-221-8065
仙台MILK BOY☎022-223-4370
大阪MILK BOY☎06-213-5216
京都阪急MILK BOY☎075-223-2288
甲府ピアストリート16 MILK BOY☎0552-22-0016
名古屋MILK BOY☎052-961-3814
神戸ヒューストン101 MILK BOY☎078-332-0449
小倉MILK BOY☎093-541-2288

和歌山アズハウス☎0734-28-2680
熊谷クランチ☎0485-24-9399
長野ドリブル☎0262-28-2139
熊本MILK☎096-354-6926
鹿児島PLA-CI-BO☎0992-22-5800

OBSCURE DESIRE OF BOURGEOISIE
原宿☎(03)409-2674

本社
東京都渋谷区神宮前6-28-3
☎03-407-9192

MILK INC.

アパレルブランド「PERSON'S」は 1976 年に原宿にて誕生☆ 80 年代初頭から始まる DC ブランドブームの中、明るい時代を象徴するかのようなデーハー（派手）な原色やポップなイラストを特徴とした商品が大ブームとなる。多くは語らずとも、その PERSON'S のロゴ一つだけでものすごい存在感だった。そんなことを物語る広告だと思う。

Betty's Blue
Shinji Abé
a good sense
BETTY'S BLUE
SHINJI ABÉ
LEMON CO., LTD.
☎03-470-3181
●SENDAI FORUS 5F 0222-64-8794
●HARAJUKU LAFORET PART II 3F 03-497-1556
●SHINJUKU SANAI 3F 03-354-0976
●IKEBUKURO SUNSHINE YOU B1F 03-987-3933
●IKEBUKURO TOBU DEPT 2F 03-981-2211
●UENO MATSUZAKAYA 4F 03-832-1111
●CHIBA SOGO ANIS-KAN B1F 0472-56-2287
●TSUDANUMA MARUI 2F 0474-79-0101
●KAWAGUCHI MARUI 4F 0482-54-0101
●YOKOHAMA SOGO B1F 045-465-2111
●NAGOYA APITA 052-451-1511(EX354)
●UMEDA HANKYU DEPT 2F 06-361-1381
●NANBA PRINTEMPS 2F 06-633-0077
●TAKATSUKI NICHII 4F 0726-82-2160
●WAKAYAMA SATY 6F 0734-33-2101
●MATSUYAMA LAFORET 4F 0899-47-2238
●KOKURA SANAI 2F 093-531-8630
●KURUME FROM HEART 0942-39-3660
●KAGOSHIMA API 1F 0992-26-7787
●OKINAWA MAXY 3F 0988-64-1577
▶スタッフ募集

「BETTY'S BLUE SHINJI ABE」。このロゴタイプを見るだけで胸がいっぱいになるな…。デザイナー・あべ真司氏が手がけていた個性的なカラーリングや、切り替え、パッチワーク、アシンメトリーなどの斬新かつキュートなデザインは唯一無二だったよね！ ジュニア系ブランドに変化する以前の、この時代のベティーが好きだったのだ、猛烈に。

80年代の「ラフォーレ原宿」の広告は、「ナンセンスコピー」やユニークなビジュアルが特徴的だった☆ よく分かんないけど何か面白そうだぞ、というワクワク感が、いかにも’80sっぽくて好き！ 何と言っても、下の方にずらりと並ぶ往年の有名ブランドの名前を見るだけでアドレナリンが出てきちゃう！ 本当にトンでもない時代でした…。

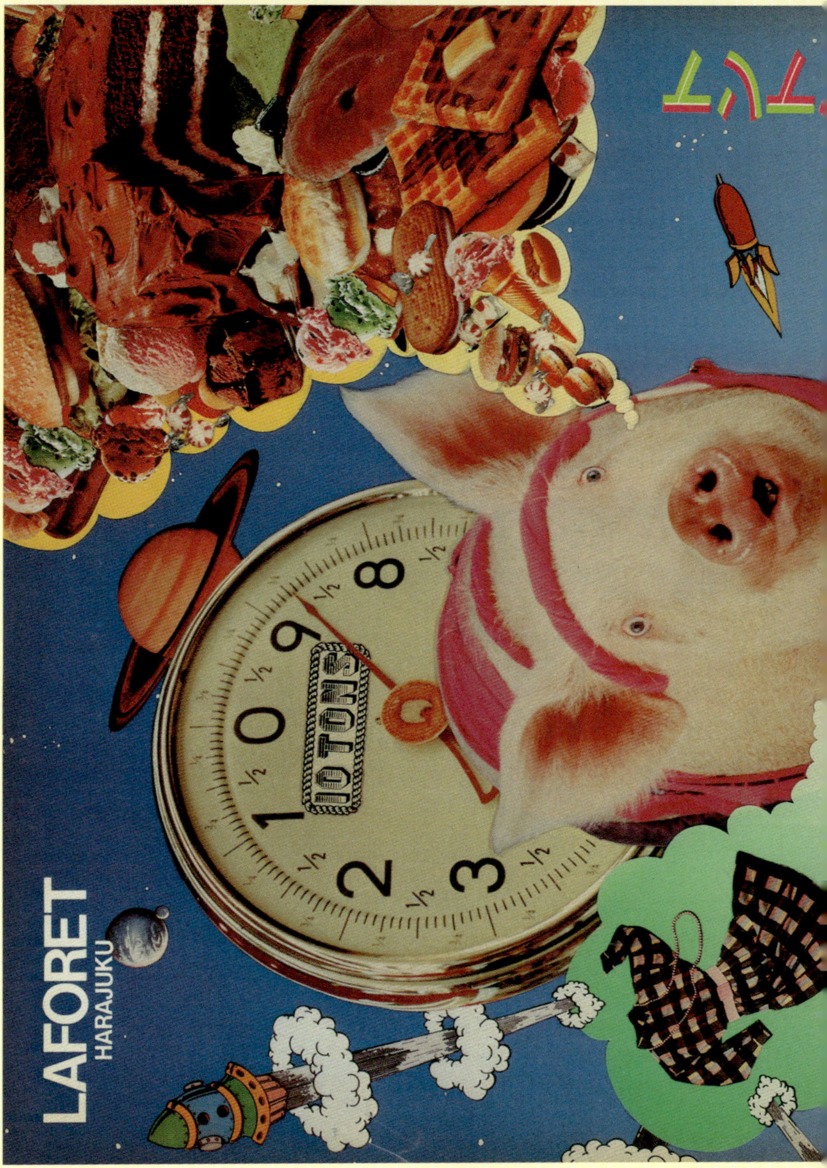
LAFORET
HARAJUKU
10 TONS

COLUMN 3

雑誌広告といえば「日ペンの美子ちゃん」でした♡

女の子の未来の願望がいっぱい 通信講座にペンパル、成績アップマシーン！

少女漫画雑誌の裏表紙広告といえば、やっぱり「日ペンの美子ちゃん」！　いろいろな雑誌で何年もかけてずっと読み続けてきたので、初代から歴代の美子ちゃんの変遷をちゃんと覚えているし、美子ちゃんのお約束のセリフ「一日20分の練習でペン字検定にも合格しちゃった♡　一級合格者の四割が日ペンの出身者なのよ」もソラで言えてしまうほどです（笑）。これほどまでに多くの少女たちの記憶に残った理由は、ヒロインの美子ちゃんやペット（？）のキャラクターが魅力的であり、少女漫画としても面白く、完成度が高かったからでしょう。印象深いのは時事ネタや、大好きな80年代アイドルネタ！　チェッカーズや光GENJIが出てきたときは「おお〜っ☆」と興奮しました。最も驚いたのは、ある日ゆかしなもんの家に、日ペンのあのバインダー式の教材が届いたことでしたが……（美文字を目指す姉が入会していた）。

他に、強烈に記憶している広告は「記憶確認機Dr.キャツポー」！　成績がアップする機械という触れ込みで、欲しかったけどなぜか買う勇気が出ない、謎多きマシンでした。そして、実は子どものころ雑誌記者に憧れていたゆかしなもんは、サラリと書けると超カッコいい「ワセダ速記」をマスターすることに憧れていたり、海外ペンパルとの文通を夢見る女の子でした（これも姉に先を越されたのだが……）。

将来の夢がいっぱいの、多感なティーンの女の子にとって、雑誌の広告は人生を左右するほどの重要なターニングポイントにもなり得たのでした。

日ペンの美《み》子《こ》ちゃん
㈱まんがスタジオ
字 飯塚よし照
え 矢吹れい子
将来《しょうらい》タレントになったらサインをするでしょだから字《じ》を習《なら》ってるのよ
?
50年《ねん》の歴史《れきし》がある日《にっ》ペンに入《はい》ったのよ、先生方《せんせいがた》も超一流《ちょういちりゅう》だし、お手紙《てがみ》の書《か》き方《かた》も教《おし》えてくれるの！
教材《きょうざい》はバインダー式《しき》だし、テキストもわかりやすいわ、ペン習字資料事典《しゅうじしりょうじてん》には、漢字《かんじ》の筆順《ひつじゅん》も出《で》ているのでべんりよ
一日《にち》20分《ぷん》の練習《れんしゅう》でいいのペン字検定《けんてい》にも合格《ごうかく》しちゃった！一級合格者《きゅうごうかくしゃ》の四割《わり》が日《にっ》ペンの出身者《しゅっしんしゃ》なのよン
4級
あはっ!
うまい字《じ》だなタレントより雑誌《ざっし》の記者《きしゃ》にでもなったらどうなの
うふっ
ほんと！そうするわ！
まてよ、作家《さっか》のほうがカッコイイかもよ！
めんどうだからタレントと記者《きしゃ》と作家《さっか》……三つともねらうわ
!?
?!
自分《じぶん》でストーリーを書《か》いて、自分《じぶん》で演《えん》じて自分《じぶん》で雑誌《ざっし》に批評《ひひょう》を書《か》いちゃうのどうかしらウフン
SUPER STAR
▶「練習用お手本」と「上達ガイド」を無料でさしあげます。右のハガキを今すぐお近くのポストへ！
★最も早く上達できる個人レッスン
現代ボールペン習字
日本ペン習字研究会
〒102 東京都千代田区富士見2-10-16
☎03(230)1103(代)
●いま入会のあなたへ
デジタル腕時計を特別プレゼント!!
※プレゼント有効期限・昭和58年7月末日
幼い字は卒業！
(神奈川県)
私は中学生になっても少しも大人っぽい字が書けるようになりませんでした。たしか中三のころでした。私の年賀状を受け取ったある人から「キミの字って意外に幼いんだね」ていわれたんです。それが秘かに好きな男子だったので大変なショックでした。字で私のことが判断されるなんてたまらない、と思いました。
それから6ヵ月間、日ペンのボールペン習字で猛烈に練習したのです。幼い字はみごとに卒業。いまはだれにだって自信をもって手紙が書けます。

初代の「日ペンの美子ちゃん」は 1972 年から 1984 年まで連載された（イラストは矢吹れい子先生＝中山星香先生）。「日ペン」（日本ペン習字研究会「ボールペン習字講座」）の魅力を伝えるキャッチーな漫画と共に、写真付きのカコミ体験談、さらには魅惑的な入会プレゼント（デジタル腕時計！）、入会申し込みへの誘導まで、この 1 ページでものすごい情報量となっている。まさに効果的な広告の見本であり、もはや様式美とも言えるだろう。

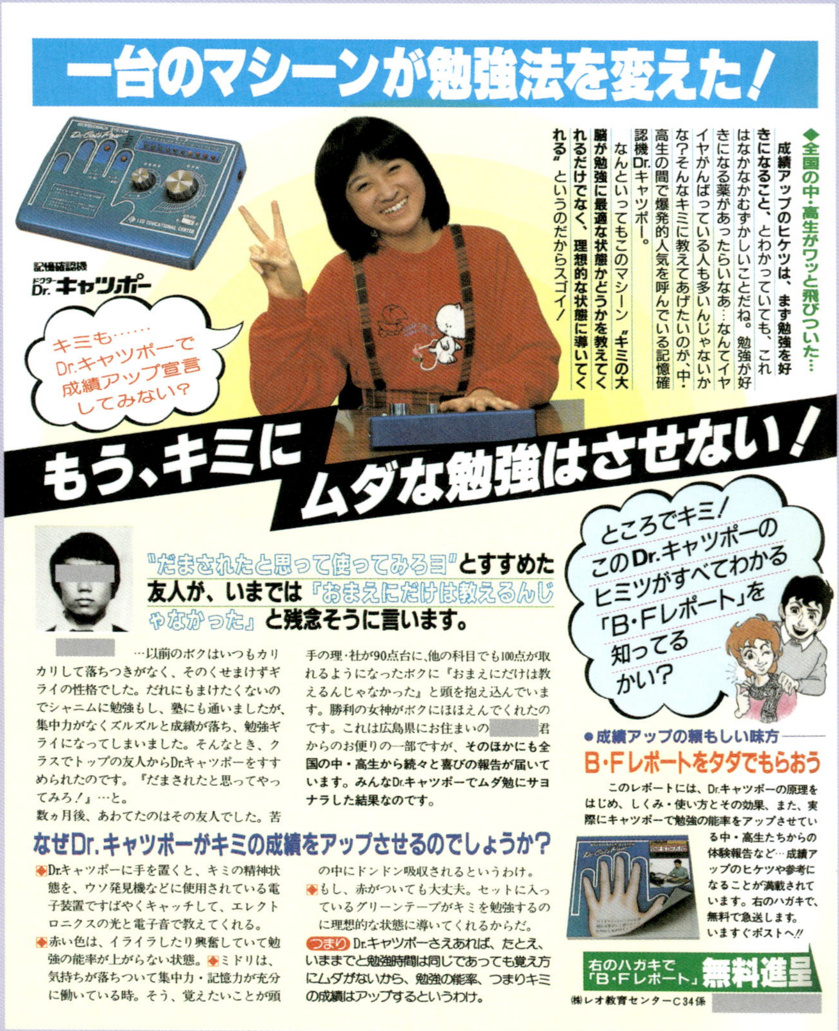

一台のマシーンが勉強法を変えた！
◆全国の中・高生がワッと飛びついた…
成績アップのヒケツは、まず勉強を好きになること、とわかっていても、これはなかなかむずかしいことだね。勉強が好きになる薬があったらいいなあ…なんてイヤイヤがんばっている人も多いんじゃないかな？そんなキミに教えてあげたいのが、中・高生の間で爆発的人気を呼んでいる記憶確認機Dr.キャツポー。
なんといってもこのマシーン〝キミの大脳が勉強に最適な状態かどうかを教えてくれるだけでなく、理想的な状態に導いてくれる〟というのだからスゴイ！
記憶確認機
Dr.《ドクター》キャツポー
キミも……
Dr.キャツポーで
成績アップ宣言
してみない？
もう、キミに
ムダな勉強はさせない！
〝だまされたと思って使ってみろヨ〟とすすめた友人が、いまでは『おまえにだけは教えるんじゃなかった』と残念そうに言います。
[redacted] …以前のボクはいつもカリカリして落ちつきがなく、そのくせまけずギライの性格でした。だれにもまけたくないのでシャニムに勉強もし、塾にも通いましたが、集中力がなくズルズルと成績が落ち、勉強ギライになってしまいました。そんなとき、クラスでトップの友人からDr.キャツポーをすすめられたのです。『だまされたと思ってやってみろ！』…と。
数ヵ月後、あわてたのはその友人でした。苦手の理・社が90点台に、他の科目でも100点が取れるようになったボクに『おまえにだけは教えるんじゃなかった』と頭を抱え込んでいます。勝利の女神がボクにほほえんでくれたのです。これは広島県にお住まいの[redacted]君からのお便りの一部ですが、そのほかにも全国の中・高生から続々と喜びの報告が届いています。みんなDr.キャツポーでムダ勉にサヨナラした結果なのです。
ところでキミ！
このDr.キャツポーの
ヒミツがすべてわかる
「B・Fレポート」を
知ってる
かい？
●成績アップの頼もしい味方
B・Fレポートをタダでもらおう
このレポートには、Dr.キャツポーの原理をはじめ、しくみ・使い方とその効果、また、実際にキャツポーで勉強の能率をアップさせている中・高生たちからの体験報告など…成績アップのヒケツや参考になることが満載されています。右のハガキで、無料で急送します。いますぐポストへ!!
なぜDr.キャツポーがキミの成績をアップさせるのでしょうか？
◆Dr.キャツポーに手を置くと、キミの精神状態を、ウソ発見機などに使用されている電子装置ですばやくキャッチして、エレクトロニクスの光と電子音で教えてくれる。
◆赤い色は、イライラしたり興奮していて勉強の能率が上がらない状態。◆ミドリは、気持ちが落ちついて集中力・記憶力が充分に働いている時。そう、覚えたいことが頭の中にドンドン吸収されるというわけ。
◆もし、赤がついても大丈夫。セットに入っているグリーンテープがキミを勉強するのに理想的な状態に導いてくれるからだ。
つまり Dr.キャツポーさえあれば、たとえ、いままでと勉強時間は同じであっても覚え方にムダがないから、勉強の能率、つまりキミの成績はアップするというわけ。
右のハガキで「B・Fレポート」無料進呈
㈱レオ教育センターC34係 [redacted]

「もう、キミにムダな勉強はさせない！」「一台のマシーンが勉強法を変えた！」。キャッチコピーがとにかく強烈だった「Dr. キャツポー」。「キャツポー」とは猫の足という意味だが、何やら手のひらを置く部分やダイヤルが付いている凄そうな機械。実は、手を置くだけで勉強ができるようになるというものではなく（当たり前か☆）、勉強する際の精神状態を測る機械だった。精神状態が悪くても、付属のグリーンテープを聴けば理想の状態に導いてくれる、らしい。やはり、地道に勉強しなければ成績はアップしない！つくづく、買わなくてよかったと思う次第である…。

COLUMN 3

I《アイ》E《イー》A《エー》のパルちゃん
案 ひろもり・きよかず
え おがわ・ひろこ
BO!
IEAの海外文通をやるべきか!? それとも一生このままでいるのか!?
それが問題だわ!
英語も自信ないし…
真剣!!
何をそんなに悩んでいるのだ?
天使さま!
あ…
英語ができなくても安心だよ
IEAの先生があなたの手紙を英語に、ペンパルからの手紙を日本語に直してくれるよ…
う・うそ…?
どきどき
それに世界各国から希望のペンパルを紹介してもらえるし
きらびやか〜
海外文通を続ければ英語の成績もアップだよ
ピクワーッ
まぶしい
きゃー 後光が!
ありがとう! 天使さま♡
私やります! がんばります!!
決意!!
お空で見守って下さいな♡
天使さま……
チャララ〜
IEAのパルちゃん 演劇部

友だちがビックリするカッコイイ使い方がいっぱい!!
ワセダ速記
自宅で学べる信頼の《文部省認定通信講座》
10倍の速さでスラスラ!!
愛 好き 電話 恋人
田原 俊彦
楽しい使い方もいっぱい
カッコイ〜
秘密も安心…
議長
資格を取れば……
●1秒間に5字以上の速さで必要なことを書き取る《ワセダ速記》が今、の読者の間で評判
●ニガ手な授業ノートに速記を使えば、要点はバッチリだから、テストのたびにグングン成績が上がっていき、先生はもちろん、両親や友だちもびっくり!! あなたはいつの間にかクラスの人気者に
●授業ノートのほかにも応用がいっぱい! H・Rの記録、手帳、作文の下書き、学級新聞作成のための取材、電話連絡のメモ、秘密の日記、クイズのあて先、マッチやトシちゃんの新曲もスラスラ
♥速記を習って資格を取ると、将来、速記者として全国の議会（公務員）マスコミ関係の就職も有利。また、速記のお仕事は、座談会や対談も多く、あこがれのスターに直接会って話を聞けるチャンスもいっぱい。さらに、自宅中心でできるかっこいいアルバイトで、おこづかいかせぎもバッチリOK!

愛 好き 電話 恋人
田原 俊彦

（上）流行ってました、海外ペンパル！ 憧れました、エアメール！ 英語ができなくてもスタッフが訳してくれるから安心というのがポイントだった。パルちゃんの漫画も懐かしい♡（左）「速記」の広告を見て、どうしてこれが「田原俊彦」って読むのか全くもって不思議だったが、とにかくカッコよくて覚えたかったな☆（早稲田通信教育センターの広告より）

アイドルは美少女時代から“ちょっとカワイイ普通の女の子”時代へ!!
MISS TEEN IDOL AUDITION
映画「生徒諸君」、「この胸のときめきを」など日本で最初に全国スカウトオーディションを行い、業界にセンセーショナルな話題をふりまき、おニャンコにも人材を送り込み、あるいは美少女ブームのきっかけをつくったメトロポリス21が芸能界にあらたなブームを巻き起こします。第1回のオーディションに応募できずにいたあなたの埋もれたタレント性を開花させるためのアンコールオーディションです。
21 METROPOLIS
ミスティーンアイドルオーディション
＊次の時代のアイドル達大集合！＊
主催：21 METROPOLIS メトロポリス21
ミスティーンアイドル事務局
平成元年のミスティーンは誰だ!!
大事な受験などでチャレンジできなかった貴女の出番。
アイドルスクウェア原宿
「アイドルスクウェア原宿」は芸能界にニューアイドルを送り込むアイドル工場です。
(アイドル・メイキング・ファクトリー)
注目度120%
第二回 ミスティ
各プロダクション、レコード会社の間では'89のアイドルはこのオーディションから数多く出るだろうと、もっぱらの噂。
おニャンコ以降はアイドルもかなり小粒になり、スーパーアイドルと呼ばれるスターもほんのわずか。美少女ブームは、まだまだ盛んではあるが、今、現在アイドルとしてスターの座にいるのは、必ずしも美少女だけではなく“ちょっとカワイイ”普通の女の子なのです。
そこで今回の企画は、ファッションタウン・原宿に「アイドルスクウェア原宿」という新しい名所をつくり、次代のアイドルを次々に芸能界に送り込みます。テレビ番組からおニャンコが、モデル業界から美少女ブームが、そして「アイドルスクウェア原宿」が次のスターをつくります。
ミスティーンアイドルオーディションの全国大会をここで行い各プロダクション、レコード会社、大手スポンサーなどに積極的にアプローチをかけ、そしてCM・テレビ・映画・ビデオ・写真集などで大型デビューをめざします。今は誰でもチャンスさえあればデビューできる時代です。ミスティーンアイドルオーディションは、そのチャンスをあなたにプレゼントいたします。
原宿発・全国スカウト地区
東京・大阪・京都・名古屋・博多・札幌・仙台・長野・金沢・静岡・岡山・広島
滋賀・高知・高松・松山・熊本・宮崎・鹿児島・大分・長崎・苫小牧・沖縄
応募資格 10代の女性。(20才も受け付けます)
応募方法 申込書又は市販の履歴書に、最近撮影の写真と60円切手5枚を添えて下記へ郵送のこと。
審査方法 第一次 写真および書類選考。
第二次 面接審査およびテープ審査。不合格も通知。(審査料：3,000円)
本選会 約3ヵ月の有料研修(施設利用・教材費等：48,000円、月謝：12,000円)を行い、東京にて地区予選および決選大会を行ないます。決選大会出場者の交通費、宿泊費は当社が負担します。
推薦制度 あなたのお友達あるいは御家族がお子さんを推薦して下さい。その場合は本人の了解を得て下さい。
申込先
〒150 東京都渋谷区恵比寿3の18の2 メトロポリス21内
ミスティーンアイドル事務局 マイバースデイ係
(電話問い合せ：11時〜6時 木・日休み)
締切日
〈当日消印有効〉
4月25日(火)
早めに応募して下さい。

キミもスターになれるかも？ 80年代オーディションブーム☆

活気みなぎる1980年代。華々しいアイドルブームを経て、芸能界にオーディションブームが巻き起こりました。つまりは、「スター」への登竜門です。オーディション番組や、オーディション情報の専門雑誌も生まれ、シロウトの新人アイドルがドラマや映画の主演を務めることも珍しくありませんでした。「ミス白雪姫」など、いわゆるミスコンも流行！　当時のティーン雑誌にも、ご多分にもれずオーディションや劇団員募集の広告がたくさん載っていて、オーディションを受けもしないのに応募条件を熟読していた私。中にはありもしない映画や歌手デビューを優勝の特典にしたマユツバものの広告もあったので、老婆心ながら心配していたのです（嫌な小学生・笑）。そういえば、芸能界を目指していた姉の、某テレビドラマのオーディションについていったことがあったっけ（そのときの優勝者は藤井一子ちゃんでした）☆

6.

TOYS FOR GIRLS

おもちゃ

80年代はじめごろに大ブームとなった「おはよう！スパンク」を筆頭に、激動の80年代を彩る思い出のガールズトイ＆ホビーが大集合☆ お人形やぬいぐるみ、パズルやゲーム、そしてハイテクなワープロまで。あらためて、日本のおもちゃ界の素晴らしきイノベーションに感動しちゃう。ああ、子どものころに戻って遊びた〜い！

ポピーから新発売！
おはよう
SNOOPY
スヌーピー
サンスター
こどもはみがき
つきです。
ON OFF
小《ちい》さな歯《は》をたいせつに！
はみがきタイムは，
スヌーピータイム。
スヌーピーだから，とってもかんたん。スヌーピーだから，とってもたのしい。
☆スヌーピーは電動歯ブラシですから，小さな
お子さまでも，歯の裏までじょうずにみがけます。
☆あかいやねと，かわいいスヌーピー。
歯みがきタイムがまちどおしくなります。
ポピー
おねえさんも使《つか》える
交換《こうかん》歯《は》ブラシも，ついています。
おはようスヌーピーは、全国の有名デパート、おもちゃ屋さんで発売中です。
© 1973 UNITED FEATURE SYNDICATE, INC. AND GENERAL MILLS FUN GROUR, INC.

子どもは総じて歯みがきが苦手だが、そこに着目したあらゆる「歯みがき鼓舞アイテム」が昭和期には存在していた。「スヌーピー」の歯みがきセットは、かの有名な赤いお屋根のおうち形というだけでも感動的なのに、スヌーピー自体がなんと電動歯ブラシというハイテクさ！ 付属の「サンスターこどもはみがき」もいちご味で、テンションは爆上げ♡

キャーシーちゃんに、
おにあいのドレスをつくってね
COUNTRY COUSINS
COUNTRY COUSINS
¥3,500
化粧《けしょう》ポーチ
¥580
キャーシーを買うとすてきなブローチと
お洋服の型紙がついてます。
ドレス型紙
バッグにはキーホルダーつき　¥980
総合アクセサリーメーカー
パトラ
東京都《とうきょうと》台東区《たいとうく》浅草橋《あさくさばし》1-26-5
TEL 862-0811
●全国のデパート
有名小売店で発売
しております。
なお品切れのとき
は品名を書いて現
金書留にて左記住
所にお申し込みく
ださい。
PATRA
創業100年

パトラとは、かつて存在したアクセサリー・雑貨メーカーで、主にアニメキャラクターのペンダントや小物を製造・販売していた。こちらの「キャーシーちゃん」は「COUNTRY COUSINS」といういかにも70年代なファンシーキャラのお人形で、ドレスの型紙が付いている！　お手製のお洋服で愛着もさらに湧くというもの♡

往時のスパンク人気を物語る、充実のグッズラインナップ！ 巨大なスパンクぬいぐるみは、高額で買えなかったけど欲しかったな〜♫ スパンクはおしゃれなワンちゃんなので、衣装のバリエーションがとにかく多かったよ！ 「プリンタッチドール」は最初期のスパンク（鼻がある！）をドール化した、珍しいアイテム。

Merry X-mas Spank
クリスマスの夜《よる》は、スパンクといっしょにメリークリスマス!
ポ・ボクさいこうにハッピー!!
ポピー
リボンやカードをそえて
おくりましょう。
スパンクから
あなたへ
メリークリスマス!
スパンクのお店《みせ》へ行《い》って、
すてきなプレゼントを
みつけちゃお〜。
スパンクのお店
HELLO!
SPANK
©SHIZUE TAKANASHI/SHUNICHI YUKIMURO'79

名門少女漫画雑誌「なかよし」(講談社)で1978年から1982年まで連載され、テレビアニメにもなって人気を博した「おはよう! スパンク」(雪室俊一原作・たかなし♡しずえ作画)。当時は季節感あふれるスパンクの広告が毎月載っていた。こちらは、クリスマスのハッピー&ドリーミィなイメージがひと目で伝わる、素敵な1枚!

ビッグにいこう!
燃えてるスパンクのロックンロール
Spank
ワオワオ
"ワオーッ! みんなのってる!!"
©SHIZUE TAKANASHI/SHUNICHI YUKIMURO"79
Spank
ポピー
あなたのそばにおいてね。
スパンクとかわいいシューズ
わんポイントにかわいいスパンク。
I LOVE SPANK
リトルスパンク
スパンク笑《しょう》劇《げき》場《じょう》
ワオ,
地獄《じごく》の黙示録《もくしろく》だあ!
スパンクのお店《みせ》に行《い》ってみてね
HELLO! SPANK

「なかよし」（講談社）のスパンク広告は毎回凝っていたが、こちらは珍しい（？）ロックバンドバージョン☆ ギターやドラムのセットも本格的で、グランドピアノ（その上にコカ・コーラまで！）もイカしてる♡ ドラムス担当のロックなハチマキ姿のスパンクは、実際に発売されていたレアもの。

ポピー
いっしょにいこーよ、ピクニック。
わーい！
たのしいな～。
ボクたち1日中
あそんじゃったよ。
ワオ ワオ
ボクたべすぎちゃったあ。
Tonka
小道具提供 (株)ジャパントンカ
スパンクのニュードレスが6種類《しゅるい》でたのよ！
©SHIZUE TAKANASHI SHUNICHI YUKIMURO '79
ボク、身長《しんちょう》9cm。いっしょにあそぼう。
スパンクのお店にはね。ぬいぐるみや
たのしい小物がいっぱいそろってるの
おともだちもさそって行ってみてね。
スパンクのお店
ペーパークラフトもついてるよ。
ボクはくつのなかがだ～いすき。
あなたのおへやにおいてほしいなあ。
リトルスパンク
ちっちゃくてかわいいんだあ。プチスパンク
キーホルダーになってるの。
I LOVE SPANK
スパンク笑《しょう》劇《げき》場《じょう》
スパンクとかわいいシューズ
HELLO!
SPANK
つりをしているのはだれ？

こちらは春らしい、ピクニックバージョン♡ ミニサイズの小道具やおしゃれなクルマも楽しい！　ぬいぐるみの衣装はとにかくたくさんあり、初期のカジュアルなものから進化して、耳出しの赤い衣装やスペーシーなものなど、予想の斜め上を行くものも出てきていた。広告の片隅の「スパンク笑劇場」というミニ漫画もお楽しみ♡

©SHIZUE TAKANASHI / SHUNICHI YUKIMURO
ワォー！ こ〜んなにたくさん、〈スパンクだ〜い好きさん〉のご応募があったワン。ほんとにアリガト。これからもよろしくね。
ポピー
スパンクだ〜い好きさん
HELLO! SPANK
❤ご応募の方の中から抽せんで500人の方にすてきなスパンクアクセサリーをおくりします。なお当選者発表は、賞品の発送をもってかえさせていただきます。
ほんとのおしゃれさんは、なんでも自分で作っちゃうの！
スパンクのマイミシン

ポピーからいろいろなキャラクターで発売されていた「マイミシン」は、玩具の域を超えた本格的なものだった。「マイミシン」のステッチふうロゴや、ミシン本体のデザインもガーリーでかわゆい♡ ミシンもさることながら、スパンクの着ぐるみが存在したという事実に驚く！ 当時はこの着ぐるみで、ロケ取材などが行われていたのだ。

GIRL's POPY
スパンクトーイ好評発売中《こうひょうはつばいちゅう》！
ポピー
テレビアニメ
"おはようスパンク"
毎週土曜日よる7:00～7:30
テレビ朝日系全国ネット
かわいくってドキッ
こっちみてスパンク
♥おしゃれな女の子用はポシェットにスパンク
て、いつも一緒《いっしょ》よ！
♥とってもかわいいポシェットとスパンクで2倍楽《ばいたの》しいの！
¥1,980
スパンクトーイは全国《ぜんこく》有名《ゆうめい》デパート・有名玩《ゆうめいがん》具店またはファンシーショップで発売中！
おはようスパンク
たかなししずえ・雪室俊一・TMS '81
クッキークッキング
♥クッキーの作り方がのってるの！
スパンクテレフォン
電話番号《でんわばんごう》
03-540-3900
(愛《あい》ちゃんと楽《たの》しいおしゃべりをしよう！)
おかしやさん
パンのランチボックス
♥大すきなおかしをいれてネ！
¥2,980
♥手づくりクッキーをプレゼントしてお友だちをおどかそう！
¥3,800
♥しゃれたランチボックスにパンのぬき型《かた》がついてるの！
¥2,600

ぬいぐるみより、さらに小さいマスコットふうのスパンク。当時昭和ガールズのマストハブであった「ポシェット」にスパンクが入っているという2倍楽しいアイテム♡「クッキークッキング」「おかしやさん」「パンのランチボックス」などスパンク玩具の名作が並ぶなか、当時流行していた、キャラクターの声が聞けるテレフォンサービスの番号が！

キャラクター自転車もまた、昭和ガーリー遺産と言えるだろう。「スパンクリング」という名の自転車は、３歳上の姉の愛車で、当時は羨ましくて死にそうだった！ 随所にスパンクがあしらわれており、タイヤにもスパンクの顔とリボンのレリーフが施されているという芸の細かさ！ おサイケ＆ガーリーな「あさりちゃん」モデルの自転車にもご注目♡

お料理大好《りょうりだいす》きギャルへ
いろいろクッキングのできるレンジができたの！
ポピー
クッキング・レンジ
スパンクのクッキングレンジ
♥オムレツやクッキーがカンタンにやけるの！
¥6,800
おはよう！スパンク
レンジのなかに・てをいれないでね！
COOKING・RANGE
SPANK
テレビアニメ
"おはよう！　スパンク"
毎週土曜日《まいしゅうどようび》●よる7：00〜7：30
テレビ朝日系《あさひけい》●全国《ぜんこく》ネット
みんなで応援《おうえん》してね！
GIRL'S POPY
スパンクトーイ
好評発売中《こうひょうはつばいちゅう》！
スパンクトーイは全国有名《ぜんこくゆうめい》デパート・有名玩具店《ゆうめいがんぐてん》またはファンシーショップで発売中《はつばいちゅう》よ！
写真《しゃしん》のクッキーは、クッキークッキングの型《かた》でぬき、クッキングレンジで焼《や》いたものです。
食《しょく》パンをコップでぬいて、クッキングレンジで軽《かる》く焼《や》き、チーズとジャムをのせます。
クッキングレンジでホットケーキを2枚焼《まいや》き、上《うえ》にハチミツとバターをのせます。
クッキークッキング
手づくりクッキーをプレゼントしちゃお！
クッキー
SPANK BUNKO
¥3,800
♥作《つく》り方《かた》は、クッキングレンジについているお料理《りょうり》の本《ほん》をよーく、みてね！
©たかなししずえ・雪室俊一・TMS '81

実際にホットケーキなどが焼ける小さなレンジ「ママ・レンジ」（アサヒ玩具）は、1969年に登場して一世を風靡したが、こちらは「お料理大好きギャル」注目のスパンクのレンジ系玩具☆ 玩具といえど、ちゃんとオムレツやクッキーが焼けるし、リボンが付いてるミニサイズのフライ返しやおたま、フライパンのデザインにも胸キュン〜。

©室山/小学館・たかなししずえ・雪室俊一・テレビ朝日・葦プロ・東映動画・TMS '81
ワオ〜！
スパンクのじてんしゃで
げんきにはしろう！
アラレちゃん自転車《じてんしゃ》
16インチ
18インチ
SPANKLING
アラレちゃんから感謝《かんしゃ》をこめて！
ホヨヨボンバープレゼント！
©鳥山明/集英社・フジテレビ・東映動画
いま、アラレちゃんのお人形《にんぎょう》を買《か》うと、めちゃんこおもしろいホヨヨボンバーが当《あた》るよ。
くわしくは、お店《みせ》のポスター、チラシを見《み》てね。
あさりちゃん
ミンキーモモの
自転車《じてんしゃ》もでるよ！
TOPSENSOR トップセンサー
ポピー自転車事業部

P180 でも紹介したスパンク自転車を中心に、当時のガールズアニメの人気者（スパンク、アラレちゃん、あさりちゃん、ミンキーモモ）が一堂に会した、ドリームチーム的な奇跡の広告！　これもポピー自転車事業部だからこそなし得る技！ 右上のアラレちゃんの自転車はポップなデザインが今見てもオシャレ。荷台にアラレちゃんヘルメットが♡

1984 年にアニメの放映が開始された「オヨネコぶーにゃん」は、元々は「しあわせさん」というタイトルで「週刊少女コミック」（小学館）に連載されていた、市川みさこ作のギャグマンガだった。ふてぶてしい顔をした、サツマイモ命の OYOYO（巨大なネコ）は、グッズとしても大人気☆　ワルぶってるのがカワユ〜イ！

とんでモン・ペの
タイプライターなら、
たのしいおたより、
かけそうね。
ぺーくんは、いつも
あなたといっしょ。
ペンペロペーくん
¥3,800
カントリーガールモン・ペ
¥5,800
ぬいぐるみナンダ郎
¥1,600
タイプライター
¥4,800
ポピー
とってもゆかいなぺーくん。
ハズカシーヌやナンダ郎《ろう》も、よろしくね！
スーパーベビーペーくん
¥2,000
ぬいぐるみハズカシーヌ
¥2,800
みんな、あなたとなかよしよ！
とんでモン・ペ
毎週《まいしゅう》土《ど》曜《よう》日《び》夜《よる》7:00よりテレビ朝日系《あさひけい》で放映中《ほうえいちゅう》！ ©TMS

かの「おはよう！ スパンク」の後番組として始まったのが「とんでモン・ペ」だった。大のスパンクファンだった私はスパンク終焉のショックが大きく、失意の中で「モン・ペ」を観ていた記憶がある。昭和ガールズ憧れの「タイプライター」や、キャラのキャッチーさが生かされたドール系など、モンペファンにはたまらないラインナップ☆

タカラ（現タカラトミー）から発売されていた昭和期スヌーピー系玩具の素晴らしさは特筆ものだが、とくに真っ赤な「タイプライター」は心の底から欲しかった！　当時価格で 8800 円という本格的な高級品だったのだ。ミシンや「わんぱくスヌーピー」など、今見ても全く古さを感じさせない愛らしさはさすが。スヌーピー愛は永遠！

©鳥山明/集英社・フジテレビ・東映動画
ウホホ〜イ!
たのしさいっぱい!
ジグソウパズル
カン入《い》り
Dr.SLUMP JIGSAW PUZZLE
はこ入《い》り
ポピー
千兵衛《せんべえ》サンの
おうちもあるヨ。
Dr.《ドクター》スランプ
アラレちゃん
キ〜〜〜ン
みんなであそんでちよ!
コーヒーポット
アニメ
コンポパズル
ANIMA COMPO PUZZLU

「Dr. スランプアラレちゃん」といえば、あの独特なペンギン村の世界観も魅力の一つ。中でも、あかねちん（木緑あかね）の家でもある喫茶店「コーヒーポット」の建物はとくに印象深いが、それが3Dのパズルになっていた！ オブジェとして完成された素晴らしさだが、あの建物をパズル化しちゃう発想と技術に感動！ 千兵衛さんのお家もあるらしい・笑。

Dr.《ドクター》スランプ
笑いを作る楽しい時間
プラモデル・タイム
©鳥山 明／集英社・フジテレビ・東映動画
めっちゃんこうれしいニュースです。あの、アラレちゃんのイラストが入った、オリジナル・ヨットパーカーが当たるのです。バンダイがプレゼントしちゃいます。ドンドン、ドンドン応募して、今年の春はアラレファッションでキメちゃおう。
アラレちゃん
オリジナル
ヨットパーカー
合計1,000名様
に当たっちゃう!!
めっちゃんこプレゼント!!
アラレちゃんの
イラスト入り!!
4月20日まで
（当日消印有効）
いそげ！
いそげ！
この部分を
切り取って
必ずいっしょに
送ってネ！
応募方法
●Dr.スランプのプラモデル商品の中に入っている、説明図・表紙の商品名（たとえばわいわいワーゲンとか、ピンポン号）の部分を切り取って、必ず封書に入れてご応募ください。
●封書には、必ず郵便番号、住所、氏名、年齢、職業、電話番号と、服のサイズ（SS、S、M、Lのいずれか）をはっきりとお書きください。
●おひとりで何口もご応募できます。ただし、どの封書にも必ず説明図の商品名を入れてください。
●実施期間
昭和57年1月10日～同年4月20日（当日消印有効）
●送り先
〒111 東京都台東区駒形2-5-4
㈱バンダイ「Dr.スランプ・オリジナルヨットパーカー」プレゼント係
●抽選発表
2月20日（300名）3月20日（350名）4月30日（350名）と3回に分けて抽選いたします。発表は商品の発送をもってかえさせていただきます。
応募対象商品
昭和56年7月より発売されたDr.スランプ・プラモデル商品のすべて。
●ほよよカーチス……¥400
●はいようムスタング……¥500
●うほほーいピンポン号……¥600
●わいわいワーゲン……¥700
●んちゃバン……¥700
●ぱかぱかバッタ……¥500
《ペンギン村》
●バーバーそらまめ……¥700
●コーヒーポット……¥700
●村立中学園……¥700
●千兵衛研究所……¥700
●U.F.O.ニコちゃん大王……¥700
●警察署……¥700
★そのほかにも、新しいキャラクターのファンタジックモデル（ライオン犬、ドラゴン）や、リブギゴなど続々と登場します。益々充実するDr.スランプ・シリーズにご期待ください。
★全国のデパートの模型売場にて、お買い求めください。〈製造：バンダイ模型〉
BANDAI バンダイ

一世を風靡した「Dr. スランプ」は、実はプラモ界でも大人気だった。それもこれも鳥山明先生の描くキャラクターやマシン、建物などの造型が独特かつ素晴らしいものだったからだろう。「ペンギン村」のあのかわいらしく牧歌的な街並みが大好きだから、プラモデルで作って飾ったら楽しそう～と妄想☆プレゼント品のパーカーもめちゃんこナウい！

あなたは、もう遭遇《そうぐう》なさった?
とおい銀河《ぎんが》のかなたからやってきた…愛《あい》すべきおともだち!
ポピー
©WASHINO・DNP 1981
スペース感覚《かんかく》いっぱいの
銀色《ぎんいろ》のボディーカラー!!
ニューウエーブ感覚《かんかく》あふれる
スペースキャラクターなのだ!!
♂ピノプリ
¥1,200
いつでもどこでも
きみといっしょだヨ!!
いろんなところに
ピッタリつくよ!!
♀プリピコ
¥1,200
I am a spaceman
pinopino
手のひらにぴったりフィットするハンディ・サイズよ!!
だからいま、
宇宙人《うちゅうじん》ピノピノなのだ!!
カプセル+《プラス》
スペースベスト+《プラス》
エアーボックス付《つき》
¥1,500

「ピノピノ」といえば「魔法の天使クリィミーマミ」(1983年)で、ヒロインの森沢優に魔法の力を与えた存在として知られているが、実は1981年にはすでに単独で人形が発売されていた。ピノピノ星の未来のヒーロー「ピノプリ」君と、プリンセスの「プリピコ」の2人だ。ちなみに、胸のダイヤルで異次元移動や強力なバリアを張ることができるんだって!

春・は・う・れ・し・い・ウ・ェ・デ・ィ・ン・グ
のぞみ
アンナ
ウェディングドレス・プレゼント！
いま、アンナとのぞみの商品《しょうひん》(ドレス以外《いがい》、1,000円以上《いじょう》のもの)をお買《か》い上《あ》げいただくとステキなプレゼントの当《あ》たる応募《おうぼ》ハガキが入《はい》っています。(アンケートハガキでも可《か》)
①等《とう》 ウェディングドレス(身長《しんちょう》90・110・130cm) 100名《めい》
②等《とう》 ダイヤの指輪《ゆびわ》/0.01カラット(フリーサイズ) 300名《めい》
③等《とう》 アンナとのぞみファンクラブ
無料会員証《むりょうかいいんしょう》 1,000名《めい》
しめきり：昭和《しょうわ》58年《ねん》5月《がつ》31日《にち》(当日消印有効《とうじつけしいんゆうこう》)
発《はっ》　表《ぴょう》：賞品《しょうひん》の発送《はっそう》をもってかえさせていただきます。
ほんとに着られる、
ウェディングドレスが、
ちゅうせんで当《あ》りま〜す。
(ブーケと靴は除く)
Remy
㈱バンダイ、レミー事業部

1981 年に発売された「チャーミーツイン・アンナとのぞみ」は、ツインといっても双子ではない！　スポーツ好きで行動派のアンナ＆しっとりタイプで芸術派ののぞみの仲良しコンビ♡ この時代は「花嫁さん」になることが女のコの憧れだったので、ウエディングドレスやダイヤの指輪プレゼント（！）という超マジなプレゼント内容だった。

SAILA
天気《てんき》のいい日《ひ》はシティでドライブ。
メロディ・シティ
2,600えん
今度《こんど》、セーラのシティができたの。シティは今《いま》、一番人気《いちばんにんき》のある、かわいい車《くるま》よ。セーラのシティは赤《あか》！ラジカセとキーボードがついていて、音楽《おんがく》もきけるのよ。きょうはルミちゃんと高原《こうげん》までドライブ。いすとテーブルをだして、お外《そと》でたのしくお食事《しょくじ》するの。あなたも、セーラといっしょにドライブしない？
ルミちゃん
ラジカセ、キーボードのジャックをさしこむと、ごきげんなエレクトロニクス・ミュージックがながれてくるのよ。
いすとテーブルをはじめ、たのしいアウトドア用品がついています。シティにのせて、レッツ・ゴー。
セーラのシティ、すてきでしょ？サンルーフ（天《てん》まど）もついているから、お日《ひ》さまサンサンよ。
Design approved by HONDA
※お人形《にんぎょう》は別《べつ》売りです。
ドライブ・マップと免許証もわすれないでね。
インテリアコレクション キャンペーンのおしらせ
セーラの家具《かぐ》をあつめると、とってもすてきなプレゼントがもらえるのよ！
♥おうぼのしかた
セーラの家具《かぐ》やフロアランプの箱《はこ》についている品番《ひんばん》の部分《ぶぶん》を切《き》りとってください。どれも1枚《まい》1点《てん》と計算《けいさん》します。点数《てんすう》を集《あつ》めたら、あなたのお名前《なまえ》、住所《じゅうしょ》、年《ねん》れい、でんわ番号《ばんごう》とほしいプレゼントをかき、まとめてふうとうに入《い》れておくってください。ただし、同《おな》じ品番《ひんばん》が2枚《まい》いじょうあっても1点《てん》になります。ちがう品番《ひんばん》だけをあつめてどんどんおうぼしてね。
ここを切《き》りとってね
♥プレゼント
5点《てん》―キーホルダー　10点《てん》―ペンケースセット
15点《てん》――スタディバッグ　20点《てん》――トレーナー
♥期間《きかん》　昭和《しょうわ》58年4月1日～
昭和《しょうわ》59年3月31日まで。
♥おくりさき
〒124 東京都葛飾区立石7-9-10 ㈱トミー
「セーラ インテリアコレクション キャンペーン」係
きらきら セ〜ラ
たのしい遊びのクリエイター
TOMY
東京都葛飾区立石7-9-10☎03(693)1031
5月5日はおもちゃと人形を

1982年、「リカちゃん」よりも小さな「きらきらセーラ」が誕生する。身長は約10cmほどのミニマムな美人さん♡ なんと、当時一世を風靡した「シティ」（HONDA）のセーラモデルがあったのだ！ ラジカセ、キーボードのコードをシティに差し込むと「ゴキゲンなエレクトロニクス・ミュージック」が流れるという、まさかのパリピ仕様！

いつでもいっしょ
ムニュ・ムニュ©
おふろもいっしょ
ムニュ・ムニュのたのしいお友だち
ごはんですよ。
ごはんですよ。
あっ、おかあさんがよんでるよ。
しょくじのじかんだ、
うれしいな。
かえるさんのせなかにのって
いっしょにおさんぽ、たのしいな。
①ちびっこたんちき
ちびっこたんちき…………¥4,500
お母さまからお子さまへ、お食事やおやつの時など、いそぎのようじをすぐ伝えられるのでとても便利です。(50mまで無線連絡可能。)
②パイルクッション
パイルクッション
¥8,800
ポンプつきだから、ふくらませるのもかんたん。空気をぬけば、かたづけるのに場所もとりません。STマーク(玩具安全基準合格マーク)がついているので安心して使えます。
③レジャーセット
レジャーセット………¥2,000
ハウスバッグとレジャーシート(90cm×150cm)のセット。お子さまの遠足やピクニックにはかかせません。
④おはようセット
おはようセット………¥1,500
はみがき、歯ブラシ、石けん箱(石けん入)、バッグ、小型タオルで1セット。石けんはかわいいペンギン型。ムニュ・ムニュの絵入りタオルは、お湯に入れると色が変わります。
お申し込みは、お電話かおハガキで
お電話でのお申し込みは 東京03 495-5157
(受付時間AM10:00~PM5:00日・祭日は除く)
おハガキでのお申し込みは
①御希望の商品名
②〒、住所(フリガナ)
③氏名(フリガナ)印
④年齢
⑤職業
⑥電話(連絡先)
40円
東京都中央郵便局 私書箱2020
株式会社 綜大 特販部
●お支払いは、現品到着後10日以内。●お支払いは一括払いでお願いします。●万一、商品に不備のあった場合、着後5日以内に返品して下さい。(返送料は申込者負担)※20才未満の方がお申し込みの場合、保護者の署名、捺印が必要。
㈱綜大 本社/品川区上大崎2-25-5 久米ビル2階 ☎03(490)4661

♫お風呂もいっしょ、寝るのもいっしょ、いつも一緒のムニュ・ムニュ♫の CM ソングでおなじみの洗える動物ぬいぐるみ！ 株式会社ムニュ・ムニュという会社が生産していた。お風呂にも一緒に入れるというコンセプトが斬新だったが、ぬいぐるみ自体のデザインやカラーリングが絶対的にラブリーだったことがヒットの要因だったと思う。

毎週《まいしゅう》土曜日《どようび》夜《よる》7：00よりテレビ朝日《あさひ》系列《けいれつ》で放映中《ほうえいちゅう》
とんがり帽子のメモル
きのこのおうちの中《なか》は…6つのおへや
©旭通信社・東映動画
メモルのちいさなおうち
※商品の仕様は、実際の物と一部異なる場合があります。
標準価格 ¥1,980
とってもかわいいメモルの世界《せかい》……メモルファンタジー
メモルのおともだち（12人《にん》）予定標準価格各¥350
灯《あかり》がつきとてもステキ！
ミニライトとしても
使《つか》えます。
メモルのおうち
予定標準価格各¥950 おともだちのおうちもあります。 お人形《にんぎょう》は別売りです。
おうちとお花《はな》は5種類《しゅるい》づつ
組《く》み合わせて遊《あそ》んでね♡
ジオラマ
予定標準価格各¥550
株式会社バンダイ
レミー事業部
東京都台東区駒形2-5-4〒111 ☎03(842)5151(代表)
BANDAI

メルヘンアニメ「とんがり帽子のメモル」(1984～1985年)のドールハウス「メモルのちいさなおうち」！ 作品の世界観そのままの、きのこふうのハウス、ことりさん用の屋根裏部屋、メモルのおしゃれルームにリビングのきのこのお椅子…。こんなに夢がふくらむドールハウスがあるだろうか☆　これさえあればあなたもリルル星人だ！

Ei!
Nyau~n
Myau
I ♥ PETS
Nyani~n
Nya Nya
Fu~~!!
ネコ、だあ〜いすき。
Nyan Nyan House
Mumumu~
Nyan!
Mi~n
里親になってくださったあなたに…
かわいいカードのプレゼント
Nyan Nyan House Club
●子ネコについている里親カードをニャンニャンハウスまでお送りください。
その他、楽しい特典もいっぱい！
可愛い子ネコたちがやさしい出あいを待っています。
ニャンニャンハウス
Nyan Nyan House
Do you like kitten?
©1984 SEKIGUCHI CREATIVE HOUSE
●全国有名百貨店、玩具店、ファンシーショップにてお求め下さい。
標準価格
¥1,800
株式会社バンダイ
セレンテ事業部
東京都台東区駒形2-5-4 〒111
TEL.03-843-8755(代表)
BANDAI

手のひらサイズのきゃわゆい子ネコのぬいぐるみ♡ バンダイ×ぬいぐるみの名門セキグチのWネームだけに、どのネコちゃんも個性的でラブリー！ めでたく「里親」になるとカードが付いていて、それをニャンニャンハウスに送る、いわゆる「キャベツ人形」方式が採られていた。このアナログかつきめ細かいサービスも昭和だね。

HAVE A NICE HOBBY
女《おんな》の子《こ》の生活《せいかつ》をイキイキさせるのは、すてきなホビー。
あなただけのちょっぴりハイセンスなホビーの世界《せかい》、広《ひろ》げてみませんか？
「HAVE《ハブ》 A《ア》 NICE《ナイス》 HOBBY《ホビー》」女《おんな》の子《こ》の時間《じかん》が、ぐーんと楽《たの》しくなりそう…。
POP STITCH
TOMY
ポップなステッチ楽《たの》しんじゃおう!
どんなデザインも
思いのまま
起毛できるから
フワフワして
かわいいでしょ
とってもかんたんよ
ステキにステッチ!
ップステッチは、だれでも簡単《かんたん》に美《うつく》しい刺《し》しゅう
楽《たの》しめるミシンタイプのステッチマシン。仕《し》上《あ》が
たらシールを貼《は》って、きれいなワッペンにしてね。
シェットやジャンパー、クッションなどにつけれ
、ステキなオリジナルファッションが楽《たの》しめます。
新発売《しんはつばい》
4,800円《えん》
ポップステッチ
たのしい遊びのクリエイター
TOMY
東京都葛飾区立石7-9-10 ☎03(693)1031

今も脈々と続く、トミー（現タカラトミー）のハンドメイド系ガールズトイシリーズ！　こちらは素敵なリリヤーン刺繍のワッペンができるマシン。ミシン風の機械に布を置き、オートマチックの針でスイスイ縫っていく。出来上がったワッペン、かわゆ～い！「だれでも簡単に」楽しめると書いてあるのだが、難しそうなことこの上ない。

HAVE A NICE HOBBY
夢《ゆめ》こころ
パステル模様《もよう》に
ふくらんで。
♥私《わたし》は、おりひめで手《て》づくり少女《しょうじょ》♥
ダイヤルをセットするだけで、
とってもカラフルな模様織《もようお》りが
だれにでも織《お》れちゃうの。
スイートな夢《ゆめ》に愛《あい》のスパイスきかせて
パステル模様《もよう》に織《お》りあげてね。
すてきな模様がかんたんに織れる
おりひめ
標準小売価格
5,800円
※ステキな手づくり情報紙「ナイスホビー」を毎月抽選でさしあげます。ご希望の方は官製ハガキに住所・氏名・年令及び「ナイスホビー」請求券を貼り、右記までお申し込みください。〒124 東京都葛飾区立石7-9-10 ㈱トミー第3事業部 なかよし係 ☎03(693)1031(大代)
たのしい遊びのクリエイター
TOMY
「ナイスホビー」請求券
なかよし
60.9

幼い頃から「不器用」を絵に描いたような私にとって、トミー（現タカラトミー）から出ていた一連のハンドメイド系トイは憧れそのものだった。「おりひめ」はダイヤルナンバーをセットするだけで（といっても、それが難しいのだ！）カラフルな模様の織物ができる、超本格的な織機！　同じシリーズの編み物ver.「あむあむ」も大人気だった。

株式会社バンダイ
玩具部
東京都台東区駒形2-5-4 〒111
TEL.03-843-7000代
あなたのポケットにはいりたい。
とってもそばにいたい人は、セットでプレゼントしましょう。
"乙女チェック"で選んだ"ポケットザウルス"なら、いつでも彼のポケットに。
テスト9
あなたの彼はどのタイプ?
彼の血液型は?
B型
彼は話しているときに髪をよくさわる?
YES
彼は足を組んで話すことが多い?
NO
二人で歩くとき、彼はあなたより先を歩く?
NO
彼はどこでもゴミを捨てちゃう?
NO
一匹狼型
自分の人生を自分で切り開いていく積極派の彼には、よく切れる
プロフェッショナル型
何事にも地道に努力する堅実派タイプの彼には、正確無比の
ファイトマン型
とっつきにくそうで実は親しみやすい彼には、まーるくなれる
ロマンチスト型
空想家の彼には、現実からあまり離れないように、よくつく
チョキラノドン(ハサミ)
¥380
ステゴメジャラス(メジャー)
¥680
クルントザウルス(コンパス)
¥380
クッツキザウルス(液体のり)
¥380
ポケットザウルスシリーズ¥380～¥980
乙女チェック
¥6,800
ボタンを押すだけで、あなたのこと、彼のこと、恋の心理がわかってしまう乙女チェック。33パターンの心理テストと3つのゲームが楽しめます。
●全国の有名デパート玩具売場・専門店・ファンシーショップでお買い求めください。(価格はすべて標準価格です)

1985年に発売された、恐竜モチーフのミニ文具シリーズ。男子に人気があったのだが、女の子向けの心理テストゲーム機「乙女チェック」も合わせてのガーリーなアートワークになっており、好きな男のコに「ポケットザウルス」をプレゼントしちゃお♡という提案。「クルントザウルス」などネーミングもギミックも遊びゴコロたっぷりの文具だったね♫

BANDAI
株式会社バンダイ
玩具部(E/L)
東京都台東区駒形2-5-4 〒111
TEL.03-843-7000(代表)
いち日中いっしょでも、
あきないね。
KONEKO CLUB
ニャンニャンストリート
何をしてくれるってわけでもないのに、
いち日中いっしょに過ごしてもあきない。ネコって不思議です。
そんなネコをエレクトロニクスゲームにしてしまったのが
"子ねこクラブ・ニャンニャンストリート"。
占い、目覚まし時計、ゲームと3つの機能で、
いち日中そばに置いておいてもあきない、と思います。
¥5,800
(標準価格)
KONEKO CLUB
ゲーム
シーソー渡り、ドカンバランス、ブランコ、リンゴ取りの4つのタイムトライアル。「子ネコ・悪ネコ」の鳴き声も楽しいゲームです。
占い
バイオリズムでその日の運勢診断。誕生日をセットすると、勉強運、相性運、健康運を、大吉、中吉、凶の3段階で自動表示します。
目覚まし時計
アラームをセットすると、子ネコの声でモーニングコール、"ニャン・ニャン"。でも、ちゃんと起きないと悪ネコに変身、"ニャーゴ"。
乙女チェック
¥6,800(標準価格)
恋する心理って微妙にフクザツ。でも"心理テスター・乙女チェック"なら、ボタンを押すだけで、あなたの、彼の、恋の心理がわかってしまいます。3つのゲーム機能も付いています。
●全国の有名デパート玩具売場、専門店、ファンシーショップでお買い求めください。

日本は今空前のネコブームに沸いているが、「なめ猫」「うちのタマ知りませんか？」「子猫物語」…昭和ガーリーカルチャー的には 80 年代、すでにネコものがアツかった！　まずはこのファンシー度 MAX の素晴らしい筐体を見て♡ さらに、目覚まし機能にいたってはアラームをセットすると子ネコの声で起こしてくれるという芸の細かさ！

TOYBOX
ファッショナブリッ娘の
お気に入り
なりはチビだが、態度はデカい。
そこのけそこのけ、
ツッパリ様のお通りだい。
KILLER
ZOKU
新発売
族
零《ぜろ》半《はん》来《らい》惰《だ》亜《あ》
PAT.P
「零半来惰亜」はおしゃれな超ミニサイズ。とっても可愛いく走るんだ。
ファッショナブルなキミなら、きっと気に入ると思うよ。
●本物そっくりのデザイン ●前輪が動いて走る方向が自由自在 ●ライダーの首と手が動く ●片手運転ＯＫ
●ライダー交換・肩ぐるま走行ＯＫ ●オリジナル改造ＯＫ
零半来惰亜
（各）￥750
ZOKU
キラー
わるい子
ポリス
ZOKU
KILL
WARU
POLICE
警視庁
株式会社トイボックス ●東京都台東区寿４丁目16番９号 チュリス田原町ビル2F ☎(03)844-7216代
●お求めは、全国有名ファンシーショップ、
デパート、スーパー、玩具店で。

いわゆる「不良」のことを一般的に「ヤンキー」と言うが、昔は「ツッパリ」と呼んでいた。こちらはその時代の産物とも言えるチョロQふうのおもちゃ、その名も「零半来惰亜（ぜろはんらいだあ）」って読めないよッ！ リーゼント＆剃り込みも見事にキマったツッパリ君の名前も最高。脳内に「ゴッドファーザー愛のテーマ」のバイクホーンが鳴り響く…。

ポピーのアニメストに、ときめき恋占いゲームが新登
ポピー
愛《あい》してナイト
Herpit おしえてマイハート。
わたしの恋、うまくいくかしら。
POPY ELECTRONICS GAME ANIMEST
ふたりのときめき占い
ハーピット
新発売
5,980円(電池つ
相性占い あなたと彼《かれ》の相性《あいしょう》がバッチリわかる。決《き》めては、2人の誕生日《たんじょうび》と血《けつ》液型《えきがた》。判定《はんてい》はハートのついた数《かず》。最高《さいこう》の相性《あいしょう》だと、やっこちゃんが剛君《ごうくん》に会《あ》えて、ハートが5つ。ファンファーレが鳴《な》ってあなた達《たち》を祝福《しゅくふく》してくれる。
星占い テスト、チャンス、ヘルス、デート、マネー、ラブ。大事《だいじ》な日《ひ》の気《き》になる運《うん》勢《せい》がひと目《め》でわかる。誕生日《たんじょうび》と占《うらな》いたい日《ひ》のバイオリズムがポイントだ。なんと00年《ねん》～2099年《ねん》のバイオリズムが記憶《きおく》されてい
ゲーム やっこちゃんは大好《だいす》きな君《くん》に会《あ》いたくてしょうがい。でも彼女《かのじょ》の行《い》く手《て》には、いろいろな障害《しょうがい》待《ま》っている。そこであなたが恋《こい》のキューピット役《や》ふたりのデートをかなえさせてあげてください。
●76ページの占《うらな》いソートつ
●見《み》やすいワイドビジョ
●デジタルウォッチ
BANDAI
©多田かおる/集英社・テレビ朝日・東映動画
A PRODUCT OF POPY
全国の有名デパート、玩具店にてお買い求めください。
デザイン及びカラーは実際と異なる場合があります。

「Herpit おしえてマイハート。わたしの恋、うまくいくかしら。」これほどまでに私の魂を揺さぶる広告はない。1983 年に発売された占い＆ゲームができる名機「ハーピット」の「愛してナイト ver.」。かわゆさを極めたその伝説の筐体と、やっこちゃん＆剛さんのスナップ、さらにはやっこちゃんの落書きふう文字が三位一体となった、この上なくハッピーな広告♡

St. Valentine's Day《セントバレンタインデー》
迷える少女の道しるべ
恋のゆくえも教えちゃう!
ゲームでピッ。
ふっと会話がとぎれても、これで遊べばハッピーデート。私が勝ったらおごらせちゃおう。
時計でピッ。
あのこは8時ちょうどに家をでるんだって。ということは10分後に校門で待ちぶせしちゃえ。
星占いでピッ。
きょうの調子はどうかしら。こころもからだもベストコンディションならグーなんだけどなあ。
相性占いでピッ。
私の気持ちを受けとめてくれるのは誰かな? お気にいりのあのことあのこで、ためしちゃう。
PETIT HERPIT
プチハーピット ブック
PETIT HERPIT
小さくなって新登場
ときめき占いのハーピットがコンパクトになりました。おしゃれ心をくすぐる星型、ブック型の2タイプ。しかも、キーホルダーになるから、カバンやふでばこにくっつけて、いつでもどこでも占えちゃう。
キーポイントは誕生日と血液型。しかも2099年までのバイオリズムがインプットされてるのよ。小さくなっても頼りがいのあるプチハーピット。これで悩める少女はもう大感激なのであります。
株式会社バンダイ
ポピー事業部
東京都台東区駒形2-5-4 〒111 電話(03)842-5151(代表)
プチハーピット
プチハーピット スター
Petit herpit
※広告の写真と実物とは多少異なります。
1月末日発売予定
予定標準小売価格3,980円
電池・占いノートつき
BANDAI

1984年、「プチハーピット」の発売はまさに衝撃だった。「ときめき占い　ハーピット」が、機能をそのままに、コンパクトなキーホルダータイプになったのだ☆ ロマンティックなブック形とラブリーなスター形の2種類と、その意匠も乙女心をくすぐるパーペキ（完璧）なものだった。まさに「迷える少女の道しるべ」となってくれたよね♡

MBファン待望《たいぼう》のゲーム、
新《しん》・発《はつ》・売《ばい》!
愛と占いのゲーム
マイバースデイ
My Birthday
愛の超能力
SPECIAL ISSUE GAME ゲーム
あなたの中の不思議な力がめざめる
神秘のESPカードゲーム!
めざせ!超能力少女!!
マーク先生の超能力講座
透視・テレパシー・予知・念力 超能力であそんじゃおう!
●4つのゲームで占えるあなたの超能力度
★■〰+ESPマークに、精神統一
パッとひらめき!! あなたも超能力が!?
1人で、できる超能力トレーニング
PLAYERS 1人〜4人 8才以上
TOMY
1800yen
©My Birthday
愛《あい》の超能力《ちょうのうりょく》ゲーム
妖精《ようせい》さんカード占《うらな》いゲーム
ときめき恋人《こいびと》さがしゲーム
標準小売価格《ひょうじゅんこうりかかく》 各《かく》1,800円《えん》
たのしいあそびのクリエイター
TOMY
〒124 東京都葛飾区立石7-9-10 (株)トミー
☎03(693)1031(大代)
トミーのおもちゃは、おもちゃ屋で買えます。
▶このマークのお店でお求め下さい!
TOY
おなじみ、マーク先生《せんせい》が考《かん》えた愛《あい》と占《うらな》いのゲームセット、
————3タイプ同時《どうじ》に新《しん》☆発《はつ》☆売《ばい》!
占《うらな》い大好《だいす》き、ゲーム大好《だいす》きのみんな、お・ま・た・せ。あのマーク先生《せんせい》が考《かんが》えた、ワクワクドキドキの愛《あい》と占《うらな》いのゲーム、「マイバースデイ」シリーズがトミーから新発売《しんはつばい》!名前《なまえ》だけでなく、なんとパッケージもMy Birthdayの表紙《ひょうし》と同《おな》じ野崎《のざき》ふみこ先生《せんせい》のイラストだから、MBファンにはみのがせないネ。それに、♥愛《あい》の超能力《ちょうのうりょく》ゲーム、♥ときめき恋人《こいびと》さがしゲーム、♥妖精《ようせい》さんカード占《うらな》いゲームと、3タイプも同時《どうじ》に発売《はつばい》されちゃうという、豪華版《ごうかばん》。
女《おんな》の子《こ》の夢《ゆめ》と憧《あこが》れがいっぱいつまった、愛《あい》と占《うらな》いのゲーム「マイバースデイ」シリーズ。あなたのハートをとりこにしちゃう楽《たの》しさヨ。
※この商品は、全国の有名デパート、玩具店でお求めください。

昭和ガーリーカルチャー史を語る上で、愛と占いの情報誌「MyBirthday」(実業之日本社)を外すことはできまい。占い&おまじないブームを巻き起こした立役者に、おもちゃメーカーも注目して生まれたのがこちら!MB読者にはおなじみのマーク・矢崎治信先生がゲームを監修、雑誌ふうのパッケージイラスト(野崎ふみこ先生!)も言うことなし♡

HAVE A NICE HOBBY
女の子の生活をイキイキさせるのは、すてきなホビー。
あなただけのちょっぴりハイセンスな
ホビーの世界、広げてみませんか?
「HAVE《ハブ》 A《ア》 NICE《ナイス》 HOBBY《ホビ》」
女の子の時間が、ぐーんと楽しくなりそう…。
くるくるハンドルで
たのしくビーズ通《とお》しが
できちゃうの!!
ビーズマジック
あたらしい年《とし》、あたらしいことをはじめるいいチャンスね。
ビーズマジックで、あなただけのステキなビーズアクセサリーづくりにチャレンジしてみない?
ハンドルをまわすだけで、ビーズがスイスイ糸《いと》を通《とお》っちゃうからふ・し・ぎ。
ネックレスにブレスレットにゆびわ…。
あなたのセンスできらきらアクセサリーつくっちゃおう!
かわいい刺《し》しゅうがかんたんに楽《たの》しめる
ミシンタイプのステッチマシン
ポップステッチ
標準小売価格
4,500円
popstitch
TOMY
単I乾電池4本使用
(電池別売り)
めんどうなビーズ通《とお》しがハンドルひとつでラクラク!
ビーズマジック
標準小売価格 2,600円
たのしい遊びのクリエイター
TOMY
〒124 東京都葛飾区立石7-9-10 ☎03(693)1031(大代表)

少女にとって、ビーズはキラキラ輝く宝石のような存在！　ビーズにテグス（糸）を通す、というあの面倒な作業がくるくるハンドルを回すだけでスイスイできちゃうという発明だけでもスゴイのに、見て、このキュートなマシン！　ペンギンちゃんがせっせとお手伝いしてくれているようなギミック♡94年にはサンリオの「マロンクリーム」ver.も発売になった。

サンタさん、ことしのプレゼントは
ちょっぴりおとなっぽく、ね、ね！
©B.M.吉田企画
ポピー
♥かがみの両側にライトがつくの。
およめにいくときまで、だいじにしておきたくなっちゃうかしら。
Curla Cherry
COTTON
おしゃれなカーラちゃん
ピカピカドレッサー
♥折りたためば
バッグスタイルに。
とってもべんりよ。
ママも欲《ほ》しがりそう。
すてきにゴージャスな
ドレッサーよ。
ぜ〜ったい
もらわなくちゃ！

ヘアスタイルを自由にアレンジできるお人形「おしゃれなカーラちゃん」シリーズ♡ かわゆいカーラちゃんの絵が付いたバニティケースを開くと、なんとライト付きのドレッサーになるという女優仕様☆「サンタさん、ことしのプレゼントはちょっぴりおとなっぽく、ね、ね！」と念押しが強い。よく見るとサンタさんがミラー越しにこっちを見てる〜。

ミニだからポケットに……
友達とワイワイ話題の中心に！
プレゼントに
PLAY BACK
MELODY
PLAY & RECORD
PLAY
ON
OFF
DO RE MI FA SO RA SI DO
クラスの皆さま、
リクエストに、おこたえします。
ひとは、
キーボードの美子と
私を呼ぶ!!
録音・再生がたのしめる
メロディ8曲入り
2オクターブの音色。
みんながつくったメロディを弾けるし、48音までなら録音再生。それだけでなくって、キラキラ星とか、草競馬とかも、ボタンひとつで聞かせてくれる。ミニキーボードメロディーくん、リズムに乗って新登場よ。
手のひらサイズの電子オルガン
ミニキーボード
メロディーくん
●クラスの皆さま、時報をお知らせします。マイウォッチー（各）1,500円
●クラスの皆さま、アンコールにおこたえします。メロディーくん（各）980円
（メロディーIC使用・キーホルダー付）
赤・白・黄・青・緑・黒（各）2,400円キーホルダー付
TAKARA
有名玩具店・百貨店・量販店でお求めください

昭和期ダウンサイジング文化もここまで来たか、と驚いたのが手のひらサイズの電子オルガン「メロディーくん」！こんなに小さいのに録音＆再生が楽しめて、「草競馬」など曲もあらかじめ内蔵されている。特筆すべきは右下の「マイウォッチー」「メロディーくん」。デザイン＆造形がとにかくファンシー＆ラブリーで、当時衝撃的だったのだ♪

FASHION DOLL
わたしの名前《なまえ》バービーが
ジェニー®に変《か》わります。
チアリーダーとして応援《おうえん》していた時《とき》
新《あたら》しいミュージカルのヒロインに選《えら》ばれたの
苦《くる》しかったレッスンも終《お》わって
今日《きょう》はミュージカル「ジェニー」の初日《しょにち》
幕《まく》が降《お》りて アンコールの拍手《はくしゅ》の中《なか》で
今《いま》 わたしの名前《なまえ》を ジェニーに変《か》えて
この春《はる》 きらめきのセンセーション
ますますステキになって、ジェニーは2月《がつ》のなかごろあなたに出会《であ》います。
あなたのジェニー。どうぞよろしく！
JeNNY
LIFE STYLE COORDINATION
バービーは、ジェニーに名前《なまえ》が変《か》わりました。同《おな》じ人形《にんぎょう》ですから、ジェニーのドレス、アクセサリー、家具《かぐ》などはすべてバービーに使用《しよう》できます。
ジェニー®
株式会社タカラ
創作・著作物 ©TAKARA CO.LTD. 1981 1986 MADE IN JAPAN
TAKARA

1986年、アメリカのマテル社とのライセンス契約終了により「バービー」から「ジェニー」に改名したときの歴史的な広告。「ジェニー」というタイトルのミュージカルに主演したバービーちゃんが、役名をそのまま襲名するという、まるで松田聖子か浅香唯さながらの衝撃的な改名劇だった。EPOが歌っていた「すてきなジェニー」のCMソングも名曲♡

ゼリーとお菓子《かし》でたのしいクッキング
まるごとゼリー
HAVE A NICE COOKING
ハブ・ア・ナイス・クッキング
かわいくって
ゼリーができたら、ラムネやこんぺいとうなどいろいろ入《はい》っているお菓子《かし》でかざっちゃおう！ ほら、夢《ゆめ》いっぱいのクマさんのおうちができあがり！
たのしくって
冷《ひ》やさずに、カンタンに固《かた》まるゼリーのもとを、かわいいクマさんのミキサーでくるくるまぜて、いろんなかたちのゼリーをつくっちゃおう！
まるごとゼリー
おいしくって
わあ、キレイ！ とっても、おいしそう！ おやつの時間《じかん》になったら、お口《くち》をいっぱいにあけて、いただきまーす！
つくってかざって楽《たの》しいおやつの
2,500円《えん》
標準《ひょうじゅん》小《こ》売《うり》価格《かかく》
まるごとゼリーは、冷《ひ》やさずにできる不思議《ふしぎ》なゼリー。このゼリーとおいしいお菓子《かし》で、かわいいお菓子《かし》のメルヘンランドをつくりましょう。
クマさんのミキサーでつくる、かわいいシリーズがせいぞろい！
各《かく》880円《えん》
まるごとゼリー ときめきメニュー
1 プリティーハート
ちっちゃなハートはわたしの心《こころ》♡
2 プチアニマル
メルヘンランドのおともだちよ！
3 パーティーケーキ
ステキなゼリーケーキはパーティーの人気者《にんきもの》！
4 スイートパフェ
プルルンゆれるカラフルパフェ
5 クッキーデザイン
おしゃれなクッキーのできあがり！
6 ビューティードレス
あこがれの夢《ゆめ》いろシンデレラ
たのしい遊びのクリエイター
TOMY
本社 〒124 東京都葛飾区立石7-9-10 TEL 03(693)1031(大代)

まだ「食育」なんていうワードもなかったであろう時代に、こんな先進的なクッキングトイがあったとは！　かわゆいクマのコックさんのミキサーでくるくる混ぜ混ぜ♡ 型に流し込んで10分待てば出来上がり！ 本体のマシンはもとより、別売りの「ときめきメニュー」のキットがどれも超ラブリー。こんなメニューを出す喫茶店があったらいいのにな。

NENDO DE ACCESSORY
ねんどDE《で》アクセサリー
HAVE A NICE HOBBY
ハブ・ア・ナイス・ホビー
ねんどを型抜《かたぬ》きして、人形《にんぎょう》に着《き》せるだけの、カンタン手《て》づくり。
※この商品《しょうひん》は、フォーシーズンの一部《いちぶ》です
たのしさギッシリ、うれしいセット！
※この商品《しょうひん》は、ツアーメイトの一部《いちぶ》です
いろんなアクセサリーが手《て》づくりできる
「ねんどDEアクセサリー」に、新《あたら》しく
"フォーシーズン"と"ツアーメイト"が仲間入《なかまい》り！
かわいいイラストカードが4枚《まい》、人形《にんぎょう》は8体《たい》もついた、うれしいお徳用《とくよう》セット！
お部屋《へや》のインテリアにもピッタリだから、手《て》づくりのたのしさが、グ～ンとひろがるネ！
フォーシーズン・ツアーメイト
新《しん》・発《はつ》・売《ばい》
かわいいイラストカードが4枚《まい》！
人形《にんぎょう》が 8体《たい》もついたお徳用《とくよう》セット！
★フォーシーズン★ 季節《きせつ》のカードと、カワイイ男《おとこ》の子《こ》と女《おんな》の子《こ》の人形《にんぎょう》つき。
標準小売価格《ひょうじゅんこうりかかく》
各《かく》セット 1,200円《えん》
■セット内容《ないよう》
イラストカード4枚《まい》 人形《にんぎょう》8体《たい》
抜《ぬ》き型《かた》 のばし台《だい》 へら ローラー
ねんど（6色《しょく》）
★ツアーメイト★ 世界《せかい》の街《まち》のカードと、イヌ、ネコ、ウサギ、クマのペア人形《にんぎょう》つき。
たのしい遊びのクリエイター
TOMY
〒124 東京都葛飾区立石7-9-10 （株）トミー ☎03(693)1031（大代）

80年代初めごろから紙ねんどでマスコットを作るホビーが流行ったが、そのムーブメントをガールズトイに昇華したものがこちら。付属のローラーでねんどをこねて型を抜き、人形に着せるだけのカンタンな手作りホビー♡ブローチやマグネット、キーホルダーなどにアレンジできた。後期は「ちびまる子ちゃん」ver. も発売に！

これなら私《わたし》にも弾《ひ》ける！本格《ほんかく》キーボード。
歌《うた》えちゃう
マイクで歌《うた》えば
きぶんはスター
弾《ひ》けちゃう
インジケーターで
らくらく弾《ひ》けちゃう
ステレオにも
つなげちゃう
聴《き》いちゃおう
カートリッジで
好《す》きな曲《きょく》イロイロ
なんと、弾《ひ》いて、歌《うた》って、聴《き》くことができちゃうキーボードが生《う》まれたよ。
キーの上《うえ》のランプの光《ひかり》を指《ゆび》で追《お》うだけで、誰《だれ》でも簡単《かんたん》に弾《ひ》けちゃう上《うえ》に、本格的《ほんかくてき》な自動演奏《じどうえんそう》をバックに、マイク片手《かたて》に歌《うた》を楽《たの》しむことだってOKなんだ。
コンピューター
タッチトーン
ごきげん12,800円 単3乾電池4本使用（別売）
ミシンでおしゃれ 私のファッション
●いつでもどこでも持《も》ち運《はこ》び自由！
●デニム地《ち》が縫《ぬ》える
●ドレスも縫《ぬ》える
下糸付《したいとつ》き本格《ほんかく》ミシン
コンパクトミシン
レディクラフティ
単1乾電池3本使用（別売）
Ladycrafty
9,800円
絵を描《か》くきぶんでラクラク刺《し》しゅう
●お気《き》に入《い》りのイラストが自由自在《じゆうじざい》
●めんどうな下描《したが》き不要《ふよう》
●操作《そうさ》は簡単《かんたん》なぞるだけ
下糸が付いた本格《ほんかく》刺《し》しゅう器
copie
ししゅうコピエ
15,000円
単1乾電池2本使用（別売）
タカラのジョイフルホビーマイファッションシリーズは、既製《きせい》のものではもの足《た》りない女《おんな》の子達《こたち》に、手作《てづく》りファッションの楽《たの》しさをお届《とど》けできる本物《ほんもの》のツールです。
※商品は全て標準小売価格です。
あそびは文化、あそびは教育
TAKARA

アータも一度はピアノの弾き語りの歌手に憧れたことあるよね？　こちらは鍵盤にランプが付いていて、光を指で追うだけで曲が弾けてることになっちゃう（さらに自動演奏でカラオケも！）という未来型キーボード！ 付属のカートリッジは「犬のおまわりさん」などの定番曲が中心で、80年代アイドルのヒット曲だけのカートリッジが別売りで販売されていた。

夢中にイマジネーション。
あっというまにアイスができちゃう!!
HAVE A NICE COOKING
ハブ・ア・ナイス・クッキング
アイスレストラン
アイスを楽《たの》しくつくりましょ。冷《れい》とう庫《こ》でよーく冷《ひ》やしたプレートに
アイスの材料《ざいりょう》を入《い》れてよくかきまぜるだけ!!
あっというまにアイスができちゃうの。
¥4,980(税別《ぜいべつ》)
新発売《しんはつばい》
アイスクッキング
みんなでたのしく
つくっちゃお!
バナナもイチゴもオッシャレ～♡
NEW《ニュー》フラッペパーティー
カラフルスプーンがついてるよん♡
暑《あつ》ーい毎日《まいにち》のデザート。かき氷《ごおり》がワンタッチ!
メロンやイチゴのシロップかけて。フルーツを飾《かざ》ってみようカナ。
電動式《でんどうしき》 単《たん》I電池《でんち》3本使用《ほんしよう》
¥4,200(税別《ぜいべつ》)
NEW《ニュー》ジュースだいすき!
お好《この》みのフルーツで、おいしいジュースがつくれちゃう。
アイデアしだいで、アイスクリームやシャーベットもOK!
電動式《でんどうしき》 単《たん》II電池《でんち》3本使用《ほんしよう》 ¥3,800(税別《ぜいべつ》)
※掲載商品《けいさいしょうひん》の価格《かかく》はすべて標準小売価格《ひょうじゅんこうりかかく》(消費税別《しょうひぜいべつ》)です。
※この商品《しょうひん》は、全国《ぜんこく》の有名《ゆうめい》デパート、玩具店《がんぐてん》でお求《もと》めください。
トミーのおもちゃは、で買えます
TOY
たのしい遊びのクリエーター
TOMY
〒124 東京都葛飾区立石7-9-10(株)トミー
☎03(693)1013(大代)

今から 30 年近くも前の 1990 年に、すでに「コールドストーンクリーマリー」ばりのアイスパフォーマンスができる玩具があったことにまず驚く! さらに、お好みのフルーツジュースや冷たいフラッペができるマシンも♡ クラスメイトとのバースデーパーティーも、これでバッチリ、オシャレに決まるよね。

★あこがれのデザイナー？まんが家《か》？
★D.J. ピアニスト、タレント……
★それとも先生《せんせい》？
★あれこれ迷《まよ》っている人《ひと》も、もう決《き》まっている人《ひと》も
★ちょっぴりあこがれている人《ひと》も
★星占《ほしうらな》いがそっとアドバイスしてくれます。
さあー！あなたが選んだ職業に
幸運がおとずれるかしら……？
あなたの星座《せいざ》は？
運命《うんめい》の振《ふ》り子《こ》が
あなたの未来《みらい》を
決《き》めるの！
おひつじ座
おうし座
ふたご座
かに座
しし座
うお座
里中満智子の
星占いゲーム
¥2,950
©里中プロ
名探偵
金田一耕助《きんだいちこうすけ》の推理《すいり》ゲーム
¥2,950
大邸宅《だいていたく》の主人《しゅじん》が殺《ころ》された！容疑者《ようぎしゃ》は6人《にん》。例《れい》の未亡人《みぼうじん》、看護婦《かんごふ》…女優《じょゆう》もいる。現場《げんば》はどこだ？凶器《きょうき》は何《なん》だ？あなたもこの怪事件《かいじけん》に参加《さんか》しよう！
©株式会社角川春樹事務所
エポック社の日本旅行ゲーム
いい旅《たび》
チャレンジ20,000kmゲーム
¥2,650
夏休《なつやす》みいい旅《たび》しよう！キップがなくても大丈夫《だいじょうぶ》。このさい思《おも》い切って遠《とお》くへ旅立《たびだ》とう。線区《せんく》を1つ通《とお》れば1ポイント。旅先《たびさき》のハプニングをうまく切《き》りぬけながら、ポイントかせいで出発《しゅっぱつ》です。
海外旅行《かいがいりょこう》ゲーム
¥2,650
いよいよ、海外《かいがい》へ出発《しゅっぱつ》！どの航空会社《こうくうかいしゃ》にしようかな？JAL・エールフランス、オランダ航空《こうくう》、カンタス……まよっっちゃう！あこがれの観光都市《かんこうとし》を見学《けんがく》して早《はや》く東京《とうきょう》にもどった人《ひと》が勝《か》ち！ただし20万以上《まんいじょう》のおみやげを買《か》っていないともどれないから忘《わす》れないでね。
EPOCH
エポック社
東京都台東区駒形1-12-3
〒111 TEL.03(843)8811代

里中満智子×星占い×ボードゲームという最強ロメンティックガーリーアイテム♡ ダウジングふう「運命の振り子」の神秘ぶりも素晴らしい！ D.J.（ディスクジョッキーの方ね）、ピアニスト、タレント、漫画家…どんな憧れの職業につくのか未来の自分に思いを馳せながらコマを進める「女の一生」ゲーム。里中先生の美麗なイラストに酔いしれちゃう。

ゲームが好《す》きな、おともだちから1枚《まい》の
はがきがきました。
一年二組 中村拓
●埼玉県《さいたまけん》 中村《なかむら》 拓《たく》くん
あくま塔《とう》
のろいの塔《とう》
さそいのゲート
恐怖《きょうふ》の歯車《はぐるま》
人切《ひとき》りノコギリ
運命《うんめい》の階段《かいだん》
あくま島脱出ゲーム
人食《ひとく》いモンスター
不思議《ふしぎ》な水車《すいしゃ》
最初《さいしょ》のスリルは、“あくま塔《とう》”からのスタート!!——
“恐怖《きょうふ》の歯車《はぐるま》”のすきまをねらって、いざ出発《しゅっぱつ》！
“さそいのゲート”は第《だい》3のスリルだ。失敗《しっぱい》すると、
“のろいの塔《とう》”へまわり道《みち》—— “のろいの塔”
脱出《だっしゅつ》のチャンスは“人切《ひとき》りノコギリ”がかくれた時《とき》
次《つぎ》に待《ま》ってる“運命《うんめい》の階段《かいだん》”へタイミングよくとび
出《で》そう！7番目《ばんめ》のスリル、“人食《ひとく》いモンスター”につ
かまったら地下牢《ちかろう》行《い》きだよ—モンスターがとじた
時《とき》にすりぬけよう！最後《さいご》のスリル“不思議《ふしぎ》な水車《すいしゃ》”
は目《め》の前《まえ》だ、ゴールは近《ちか》い！
あくま島《とう》脱出《だっしゅつ》ゲーム
¥2,900(単《たん》1乾電池《かんでんち》1本使用《ぽんしよう》)
早射ちガンマン
ポカポンゲーム
★ドンケツゲーム¥1,750
★早射《はやう》ちガンマン¥1,650
★ポカポンゲーム¥1,500
EPOCH
エポック社
東京都台東区駒形1-12-3
〒111 TEL.03(843)8811代

エポック社から 1981 年に発売された「あくま島脱出ゲーム」は、あくま島の各所に仕掛けられた 8 つのトラップをタイマーの制限時間内に通り抜けてボールを脱出させるスリリングなゲーム！　コンセプトも造形も素晴らしい名作だった！ 2000 年代になりガチャガチャで精巧なミニチュアが復刻したときは歓喜したよ☆

新発売
とんでけドーン!!
DON!
キャ〜おかあさ〜ん!!
この〜!!
キャ〜やられた!!
ポカポンゲーム
ドンケツゲーム
おしりでドン!!まけずにドン!!
どちらが強《つよ》いかドンケツ合戦《がっせん》!!
ポカポンゲーム
ねらってポン!かまえてポン!
おっとどっこいポカポンゲーム!
スタートしました。
切《き》り株《かぶ》とびに入《はい》りました。
おちないで!
あ〜こっちまで目《め》がまわる。
いいお天気《てんき》ですね。ミニアスレチックレースからおおくりします。
エポック社の
アスレチックレース
アスレチック
さあ〜
2人《り》ならんで競走《きょうそう》しよう!!
とんで!! 走って!! わたって!! グルグル……かわいいランナーが網わたりや、ガタガタ橋、木のトンネル通って大競走!! クルクル屋根は、うまくぬけられた?
さあ、レバーを上手に使って、早くゴールへ急ぎましょう!!
エポック社
東京都台東区駒形1-12-3
〒111 TEL 03(843)8811代

エポック社の人気アクションゲーム「アスレチックレース」(1979年)! 面白いのは、2人同時プレイができるということ。網わたり、切り株飛び、ガタガタ橋、クルクル屋根などをうまく通って、早くゴールへ! 古典的な名作「ドンケツゲーム」「ポカポンゲーム」も、シンプルなゲームゆえについ白熱しちゃうのよね♡

ツクダオリジナル
はじめまして、あなたが私《わたし》のママです。
ハッピーバースデー
マリーちゃん
ハロー、マリーです。きょうは、私《わたし》の1才《さい》の誕生日《たんじょうび》。バースデーカードも届《とど》きました。私《わたし》の仲間《なかま》たちも早くママがほしいっていっていました。キャベッジパッチキッズみんな名前《なまえ》がついていて、顔《かお》ももちろん違《ちが》うの。み～んなが世界中《せかいじゅう》で、ただひとりっていうわけ。お気《き》に入《い》りを見《み》つけて、あなたの家族《かぞく》にしてあげてね。
標準価格
6,500円
Cabbage Patch Kids
キャベッジパッチキッズ
© 1984 Cabbage Patch Kids™ is a trademark of and licensed from Original Appalachian Artworks, Inc., Cleveland, GA, U.S.A. All Rights Reserved.

「キャベッジパッチキッズ」（通称キャベツ人形）は、1983年ごろアメリカから上陸。一体ごとに顔や髪型、眼の色の組み合わせが違い、同じものはないというのがウリ！ 出生証明書まで付いたガチっぷりだった。私の家にも、ある夜パパがドヤ顔で連れてきてくれたが（品薄だったらしい）、顔が怖くてどうしても愛せなかったんだよね（ゴメン）…。

シルバニア村に
教会ができたよ！
Sylvanian Families
システム・コレクション・アニマル・トーイ
シルバニアファミリー
大きな空を ゆっくり飛んでいくまっ白な雲
木々は まぶしいほど 青々 キラキラ 輝いています。
「シルバニアの美しい自然が いつまでも
つづきますように！」
「今年も 大地の恵みが たくさんありますように。」…
「子供たちが 元気に育ちますように…。」
お父さんたちが いろいろな願いをこめて つくりました。
しあわせをよぶ 教会の鐘の音
あなたにも きこえるでしょ？
©1987 EPOCH CO., LTD.
ステンドグラスが
とってもきれいヨ♪
セット内容
●教会×1
●燭台×2
●花束×1
●花びん×1
●祭壇机×1
●バイブル×1
●テーブル×2
●椅子×4
●赤いじゅうたん×1
●牧師服（中×1・大×1）
●バイブル
●村の教会
￥3,980
※動物は含まれません。
♥HAPPY WEDDING♥
●ウェディングセット
（ウサギ、アイボリー）
￥2,000
おすまし
おしゃれ
●およばれシリーズ
●お母さん￥980●女の子￥750
ハッピーバースデー♪
トゥーユゥー♪
●バースデーパーティセット
￥2,850
パンやさん、
オープン!!
●村のベーカリー
￥3,980
ユニットハウスと組合せられます！
かわいいエプロンいろいろ！
●きせかえセット 4 ワークウェアー
￥250～￥380
エポック社
東京都台東区駒形1-12-3
〒111 TEL03(843)8811代
※掲載の価格は、標準小売価格です。

子どもたちにドールハウスの魅力を広めた「シルバニアファミリー」は、1985年に誕生。1987年には初のお店屋さん「村のベーカリー」が誕生し、以降は教会や学校など、公共の建物も続々とつくられ、シルバニアの世界がさらに広がっていく。小学生のとき、お金持ちの友だちの家に行ったら部屋の一角がシルバニアの専用エリアになってて羨ましかったな～。

アイドル伝説
eriko
えり子
すてきなエリリングッズで
一緒にアイドルしましょ!
フタを開《あ》けるとえり子《こ》の
テーマ曲《きょく》が流《なが》れるの。
ライトをつけて
ときめきメイク!
●えり子《こ》の
メロディー宝石箱《ほうせきばこ》
2,000円《えん》
(電池付《でんちつき》)
夜空《よぞら》に輝《かがや》く星《ほし》のように
キラキラピカピカの
ペンライトよ!
そっとかなえてあなたの願《ねが》い。
ときめきの中《なか》にあなたの
想《おも》いがかなうかもよ。
●えり子《こ》のときめきお化粧《けしょう》バック
3,500円《えん》
(電池別売《でんちべつうり》 単Ⅱ《たんに》×2・単Ⅲ《たんさん》×1)
●えり子《こ》の星《ほし》に願《ねが》いを
ペンライト
980円《えん》(電池付《でんちつき》)
●えり子《こ》の想《おも》いがかなうかもペンダント
1,800円《えん》(電池付《でんちつき》)
えり子《こ》と一緒《いっしょ》に
あなたも
スター気分《きぶん》!
素敵《すてき》に変身《へんしん》、ときめきエリリン。
いつでもどこでも
なんてったってアイドル!
●えり子《こ》の
なんてったって
アイドルセット
3,500円《えん》
elilin
©ピックウエスト
◎上記価格《じょうきかかく》には、消費税《しょうひぜい》は含《ふく》まれておりません。
PINOCCHIO
ピノチオ 株式会社アガツマ
東京都葛飾区金町4-17-7〒125 Phone (03)609-1171
■お買求《かいもと》めは全国有名《ぜんこくゆうめい》デパート・スーパー・玩具店《がんぐてん》でどうぞ。

「アイドル伝説えり子」は、「アイドル冬の時代」とも言われていた1989年、彗星のごとく現れた芸能界ものアニメ☆実在の新人アイドル、えりりん(田村英里子)がモデルで、大映テレビのドラマさながらのシリアスな物語展開は、まさに伝説となっている。関連玩具は、アイドルらしいキュートなものばかり♪　星型のペンダントが欲しかったな〜。

Kid's
キッズエレクトロニクス
まる子《こ》も打《う》てるカンタンワープロ!
みんながず〜っと待《ま》っていたワープロがついに登場《とうじょう》しました。
まるちゃんといっしょにカワイくオトナしちゃいましょ!
かわいいくせにしっかりオトメ!
ごきげんポイント〈その1〉
オールカラー、テーマ別《べつ》のわかりやす〜い、ガイドブックつきだからだれでもすぐ、カンタンにワープロできちゃう!
ヤッホー!まる子だよ。
こんど、まる子は 南の島にバカンス♡
に行くよ。南の島たって、あんたそんじょ
そこらの南の島とは違うよ。
ヤッホー!まる子だよ…
Dear
ごきげんポイント〈その2〉
なんと!
ちびまる子《こ》ちゃんのイラストがいろいろプリントできちゃう!
ごきげんポイント〈その3〉
ビビッドな赤《あか》がまぶしい!カワイイカラーリング。だんぜん目《め》立《だ》っちゃうおしゃれなワープロ!
12345678910
●わかりやすいガイドブックつき!
©S・M/C/N・A 1990
(付属品《ふぞくひん》)
各種用紙《かくしゅようし》
便箋《びんせん》
封筒《ふうとう》
カード
インクリボンカセット 1本《ぽん》
取扱説明書《とりあつかいせつめいしょ》 1冊《さつ》 ● ガイドブック 1セット
(商品使用《しょうひんしよう》)
本体《ほんたい》‥ WD-A30T
辞書《じしょ》……約《やく》5万語《まんご》
外字《がいじ》………10字《じ》
絵記号《えきごう》……369種《しゅ》
書体《しょたい》……ゴシック体《たい》
キーボード‥JIS配列準拠《はいれつじゅんきょ》
用紙《ようし》サイズ‥最大《さいだい》B4横《よこ》
挿絵《さしえ》…………「ちびまる子《こ》ちゃん」10種《しゅ》
時間割《じかんわ》りカセットインデックス作成機能他《さくせいきのうほか》
●この広告《こうこく》のイラストはすべて"Dear"で打《う》ち出《だ》せるものです。
●ワープロ"Dear"は使《つか》いやすさを考慮《こうりょ》した本格《ほんかく》ワープロです。
ディア
Dear
39,800円《えん》(発売中《はつばいちゅう》)
※おもちゃ屋《や》さんでお求《もと》めください。
一あそびは文化
タカラ
青戸本店 〒125 東京都葛飾区青戸4-19-16
銀座本社 〒104 東京都中央区銀座6-14-2
※写真《しゃしん》と商品《しょうひん》は多少異《たしょうこと》なる場合《ばあい》があります。
※掲載商品《けいさいしょうひん》の価格《かかく》は標準小売価格《ひょうじゅんこうりかかく》です。
(消費税別《しょうひぜいべつ》)
「タカラのおもちゃは、おもちゃ屋で買えます」

タイプライターに憧れていた 80 年代はいつの間にか終わり、90 年代はワープロの時代になっていた。1990 年、大人気の「ちびまる子ちゃん」の本格派ワープロ「Dear」が発売に! 時間割やカセットインデックスの作成もお手のもの☆ まるちゃんのイラストがプリントできるところも優秀だった。ギザギザのゴシック体文字が懐かしっ!

索引（掲載広告一覧）

P 6　江崎グリコ　アーモンドチョコレート ファンシー　1978 年
P 7　江崎グリコ　スカイミント　1980 年
P 8　江崎グリコ　いちごポッキー　1980 年
P 9　江崎グリコ　キティランド　1981 年
P 10　江崎グリコ　セシルチョコレート　1982 年
P 11　カネボウ食品（現 クラシエフーズ）　ハンコください!!　1987 年
P 12　日本水産　Dr. スランプ アラレちゃん ソーセージ　1982 年
P 13　江崎グリコ　プチパイ 1983 年
P 14　江崎グリコ　パッセル 1983 年
P 15　明治製菓　ツインクルチョコ　1984 年
P 16　カネボウ食品（現 クラシエフーズ）　バレンタイン ラブリーコール（大・小）、ラブリーバッジ他　1985 年
P 17　カネボウ食品（現 クラシエフーズ）　ハンコください !! 、チョコラザウルス、タコぞろぞろ他　1986 年
P 18　東鳩製菓　キューティーキャット プリントビスケット　1988 年
P 19　味覚糖　フレッシュフルーツキャンディ、キャンディアイデア募集　1987 年
P 20　味の素社　マリーナ　1988 年
P 21　エスキモー（現 森永乳業）　講談社なかよしのちゃめっこクラブアイスクリーム　1987 年
P 22　日本水産　とんがり帽子のメモル ソーセージ　1984 年
P 23　サッポロビール　ティナ　1988 年
P 24　明治製菓　ヤンヤン　1984 年
P 25　丸川製菓　マーブルガム　1990 年
P26-27　ネスレ日本　キットカット　1990 年
P 28　江崎グリコ　ナッチェル　1982 年
P 29　江崎グリコ　アーモンドグリコ　1982 年
P 30　森永製菓　森永チョコレート シルバニアファミリー　1986 年
P 31　B-R サーティワン アイスクリーム　86 スプリング フェア　1986 年
P 32　江崎グリコ　シャンテオー・レ　1980 年
P 33　ダンキンドーナツ　ダンキンドーナツ　1988 年
P 34　三井農林　日東紅茶　忍者ハットリくん ティーバッグ　1982 年
P 36　森永製菓　森永チョコレート パティ & ジミー　1978 年
P 37　森永製菓　森永チョコレート パティ & ジミー　1977 年
P 38　森永製菓　森永パティ & ジミークッキー　1978 年
P 39　森永製菓　森永パティ & ジミークッキー　1977 年
P 40　森永製菓　森永パレードチョコレート　1977 年
P 41　森永製菓　森永キャラメル ミルク　1978 年
P 42　森永製菓　森永チョコレート パティ & ジミー、森永キャラメル ミルク他　1979 年
P 43　森永製菓　森永キャラメル ミルク　1977 年
P 44　森永製菓　森永チョコレート キキ & ララ　1977 年
P 45　森永製菓　森永チョコレート キキ & ララ、森永パレードチョコレート他　1978 年
P 46　森永製菓　森永チョコレート キキ & ララ、森永パレードチョコレート他　1978 年
P 47　協同乳業　名糖 キキ&ララ ララスター セーキ他　1979 年
P 48　永谷園　リトルツインスターズ おちゃづけ　1978 年
P 49　三井農林　日東紅茶　ハローキティ ティーバッグ他　1978 年
P 50　オーヤマ照明（現 オーデリック）　ハローキティ照明シリーズ　1978 年
P 51　ブリヂストン自転車　パティ & ジミー自転車、ドレミ キティちゃん　1977 年
P 52　東邦化工（現 ジョイパレット）　ミニステック（パティ & ジミー、ハローキティ、リトルツインスターズ）1978 年
P 53　ミヤタ自転車（現 ミヤタサイクル）　リトルツインスターズ自転車　1977 年
P 54　サンリオ　暑中見舞ハガキ　1977 年
P 55　サンリオ　サンリオレコード　あの子はキティ、みんな一緒に他　1977 年
P 56　トミー（現 タカラトミー）　ザ ボードビルデュオ ハートミントキッス　1985 年
P 57　トミー（現 タカラトミー）　タキシードサム タロットスター　1983 年
P 58　トミー（現 タカラトミー）　タキシードサム アイスパーティー　1984 年
P 59　トミー（現 タカラトミー）　タキシードサム アイスパーティー　1984 年
P 60　小杉産業（現 コスギ）　パティ & ジミー子供服　1977 年
P 61　バイオレット　プチナイティ（パティ & ジミー、ハローキティ、リトルツインスターズ）　1977 年

P 62	ニッスイ工業　パティ＆ジミー水筒、ハローキティ水筒　1977 年
P 63	内外編物（現 ナイガイ）　ソックス、ハイソックス（ハローキティ、パティ＆ジミー）　1977 年
P 76	パイロット　カラフルジュヤン　1980 年
P 77	ミドリ（現 デザインフィル）　ジミーペンドリックス ファンシーグッズ　1981 年
P 78	ミドリ（現 デザインフィル）　ジミーペンドリックス ファンシーグッズ　1981 年
P 79	ミドリ（現 デザインフィル）　ミルクティーン ファンシーグッズ　1981 年
P 80	コクヨ　ロンリーリトルフォックス、ラブリーフィールド他 ファンシーグッズ　1981 年
P 81	コクヨ　LIVE IN HARMONY ファンシーグッズ　1981 年
P 82	コクヨ　LIVE IN HARMONY ファンシーグッズ　1982 年
P 83	コクヨ　Oh! Tankdaddys、Grandpa yo-yo 他 ファンシーグッズ　1982 年
P 84	コクヨ　ヘッドストロング ファンシーグッズ　1983 年
P 85	パイロット　カラーバーディ　1982 年
P 86	コクヨ　LOVE is innocent. ファンシーグッズ　1983 年
P 87	コクヨ　POPPO WEAR ランチグッズシリーズ　1983 年
P 88	コクヨ　LOU BEAR ファンシーグッズ　1983 年
P 89	コクヨ　WINNING POST ファンシーグッズ　1984 年
P 90	コクヨ　PINUP HEART ファンシーグッズ　1984 年
P 91	三菱鉛筆　ポスカ　1984 年
P 92	ぺんてる　DJ DRAGON 文具シリーズ　1985 年
P 93	コクヨ　BE FINE TOMORROW! ファンシーグッズ　1985 年
P 94	ぺんてる　DRAGON FAMILY、1 丁目いち番長、PIKA PIKA IDOLS、Kiss Tight　1985 年
P 95	コクヨ　さくら小学校、WINNING POST 他ランチグッズシリーズ　1986 年
P 96	コクヨ　スタードロップシリーズ　1986 年
P 97	エポック社　アルファキッズシリーズ　1987 年
P 98	セイカノート (現 サンスター文具)　ときめきトゥナイト ノート、下敷、缶ペンシルケース　1983 年
P 99	ヤマハ発動機　ヤマハ・ミント　1986 年
P100	三菱鉛筆　三菱シャープ 替芯　1986 年
P101	シチズン時計　The Lighethouse　1987 年
P102	コクヨ　チャティシリーズ　1988 年
P103	ショウワノート　カードつきおりがみ（里中満智子）　年代不明
P104	トミー (現 タカラトミー)　モコリンペン、デコリンペン　1991 年
P105	パイオニア　ポータブルステレオ ランナウエイ・ミニ　1983 年
P106	パーソンズ、ぺんてる　PERSON'S COLLECTION　1989 年
P107	サンエックス　ピニームー ファンシーグッズ　1988 年
P124	伊勢半　キスミーコンステレーション・リップ　1980 年
P125	カネボウホームプロダクツ(現 クラシエホームプロダクツ)　マイデイトシリーズ　1983 年
P126	カネボウ化粧品　チャームリップ　1982 年
P127	伊勢半　キスミーシャイン チョコ　1983 年
P128	カネボウホームプロダクツ(現 クラシエホームプロダクツ)　ルシル リップ　1983 年
P129	ライオン　マウスペット　1985 年
P130-131	資生堂　資生堂バブルポップ、資生堂シャワーコロン　1985 年
P132-133	資生堂　資生堂リセエンヌ　1986 年
P134	カネボウホームプロダクツ（現 クラシエホームプロダクツ）　ルシル リップ　1985 年
P135	ライオン　LEO　1985 年
P136	モルトベーネ (現 ビューティーエクスペリエンス)　BON 髪恋 シャンプー・リンス　1986 年
P137	カネボウホームプロダクツ（現 クラシエホームプロダクツ）　ボディコロンソープ　1986 年
P138	伊勢半　キスミーシャイン パステルパープル　1986 年
P139	伊勢半　キスミーシャイン ミスティピンク　1986 年
P140	柳屋本店　Be STYLING　1986 年
P141	伊勢半　キスミーシャイン カクテル　1987 年
P142	伊勢半　キスミーシャインリップ　1987 年
P143	ライオン　Ban16　1988 年
P144	ロート製薬　薬用キャンパスリップ ジェリータイプ　1988 年
P145	アルマン　スティックコロン T.P.O、キャンビーズ　1990 年
P146	P&G　クレアラシル　1990 年
P147	資生堂　小霧子 パウダー　1988 年
P148	ライオン　ページワン　1989 年

P149　ロート製薬　薬用キャンパス ほそみ　1991 年
P150　資生堂　レインドロップネールグロスペン　1988 年
P152　日本ゴム (現 アサヒシューズ)　CORE シリーズ　1981 年
P153　レモン (現 キャン)　プチキャン　1983 年
P154　グンゼ　トップタッチ　1980 年
P155　マキシム　ファッションソックス　1986 年
P156-157　鈴丹　コート＆パーティー　1987 年
P158-159　エドウイン　SOMETHING　1988 年
P160-161　MILK　MILK　1987 年
P162　パーソンズ　PERSON'S　1986 年
P163　キャン　ベティーズブルー　1986 年
P164-165　ラフォーレ原宿　ラフォーレ原宿パートⅡ　1986 年
P172　ポピー（現 バンダイ）　おはよう スヌーピー　年代不明
P173　パトラ　キャーシーちゃん　1978 年
P174　ポピー（現 バンダイ）　おはよう！ スパンク ぬいぐるみ、ハンカチ他　1979 年
P175　ポピー（現 バンダイ）　おはよう！ スパンク クリスマス ぬいぐるみ他　1980 年
P176　ポピー（現 バンダイ）　おはよう！ スパンク リトルスパンク他　1980 年
P177　ポピー（現 バンダイ）　おはよう！ スパンク プチスパンク他　1980 年
P178　ポピー（現 バンダイ）　おはよう！ スパンク スパンクのマイミシン　1981 年
P179　ポピー（現 バンダイ）　おはよう！ スパンク ポシェットスパンク他　1981 年
P180　ポピー（現 バンダイ）　おはよう！ スパンク 自転車スパンクリング　1982 年
P181　ポピー（現 バンダイ）　おはよう！ スパンク スパンクのクッキングレンジ他　1982 年
P182　ポピー（現 バンダイ）　おはよう！ スパンク 自転車スパンクリング　年代不明
P183　パトラ　OYOYO ぬいぐるみ他　1980 年
P184　ポピー（現 バンダイ）　とんでモン・ペ タイプライター　1982 年
P185　タカラ（現 タカラトミー）　スヌーピー タイプライター、わんぱくスヌーピー他　1983 年
P186　ポピー（現 バンダイ）　Dr. スランプ アラレちゃん アニメコンポパズル　1982 年
P187　バンダイ　Dr. スランプ アラレちゃん プラモデル オリジナルヨットパーカープレゼント　1982 年
P188　ポピー（現 バンダイ）　pinopino　年代不明
P189　バンダイ　アンナとのぞみ　1983 年
P190　トミー（現 タカラトミー）　きらきらセーラ メロディ・シティ 1983 年
P191　ムニュ・ムニュ、綜大　ムニュ・ムニュ、ちびっこたんちき他 1984 年
P192　バンダイ　とんがり帽子のメモル メモルのちいさなおうち他 1984 年
P193　バンダイ、セキグチ　ぬいぐるみ ニャンニャンハウス 1985 年
P194　トミー（現 タカラトミー）　ポップステッチ　年代不明
P195　トミー（現 タカラトミー）　おりひめ　年代不明
P196　バンダイ　ポケットザウルスシリーズ、心理テスター 乙女チック　1986 年
P197　バンダイ　KONEKO CLUB・ニャンニャンストリート他　1986 年
P198　トイボックス　零半来惰亜（ぜろはんらいだあ）　1982 年
P199　バンダイ　愛してナイト ハーピット　1983 年
P200　バンダイ　プチハーピット スター、ブック　1984 年
P201　トミー（現 タカラトミー）　MyBirthday 愛の超能力ゲーム　1988 年
P202　トミー（現 タカラトミー）　ビーズマジック　1983 年
P203　ポピー（現 バンダイ）　おしゃれなカーラちゃん ピカピカドレッサー　1979 年
P204　タカラ（現 タカラトミー）　ミニキーボード メロディーくん　1983 年
P205　タカラ（現 タカラトミー）　ジェニー　1986 年
P206　トミー（現 タカラトミー）　まるごと♡ゼリー、ときめき♡メニュー　1986 年
P207　トミー（現 タカラトミー）　ねんど DE アクセサリー　1987 年
P208　タカラ（現 タカラトミー）　コンピューター タッチトーン他　1984 年
P209　トミー（現 タカラトミー）　アイスレストラン、NEW フラッペパーティー他　1990 年
P210　エポック社　里中満智子の星占いゲーム　1980 年
P211　エポック社　あくま島脱出ゲーム、ドンケツゲーム、早射ちガンマン、ポカポンゲーム　1982 年
P212　エポック社　アスレチックレース、ドンケツゲーム、ポカポンゲーム　1980 年
P213　ツクダオリジナル　キャベッジパッチキッズ　1984 年
P214　エポック社　シルバニアファミリー 村の教会、ウェディングセット他　1987 年
P215　アガツマ　アイドル伝説えり子 メロディー宝石箱、ときめきお化粧バック他　1990 年
P216　タカラ（現 タカラトミー）　ワープロ Dear（ちびまる子ちゃん）　1991 年

※年代は広告が雑誌に掲載されていた掲出年を示しています。　※広告主の社名及び商品の発売元は現在変更となっている場合があります。

'80s カルチャー年表

芸能・アイドル

1980

・松田聖子「裸足の季節」でデビュー（4月）
・山口百恵引退（10月）
・シャネルズ（ラッツ&スター）、デビュー曲「ランナウェイ」ミリオンセラーに
・B&B、ツービート、島田紳助・松本竜介、横山やすし・西川きよしらによる漫才ブーム
◆ヒット曲／久保田早紀「異邦人」、海援隊「贈る言葉」、もんた&ブラザーズ「ダンシング・オールナイト」、クリスタルキング「大都会」
◆デビュー／松田聖子、田原俊彦、近藤真彦、岩崎良美、河合奈保子、柏原芳恵、横浜銀蝿
◆テレビ番組／「お笑いスター誕生!!」、ドラマ「ただいま放課後」（たのきんトリオ）
◆本／田中康夫『なんとなく、クリスタル』
◆映画／「映画ドラえもん のび太の恐竜」「スター・ウォーズ帝国の逆襲」

1981

・ピンク・レディー解散（3月）
・寺尾聰「ルビーの指環」がヒット。「ザ・ベストテン」で12週連続1位を記録
◆ヒット曲／イモ欽トリオ「ハイスクールララバイ」
◆デビュー／松本伊代、伊藤つかさ、イモ欽トリオ
◆テレビ番組／「ザ・トップテン」「今夜は最高!」「オレたちひょうきん族」
◆アニメ／「おはよう！ スパンク」「Dr.スランプアラレちゃん」「うる星やつら」「忍者ハットリくん」
◆本・雑誌／黒柳徹子『窓際のトットちゃん』、写真週刊誌「FOCUS」創刊
◆映画／薬師丸ひろ子主演「セーラー服と機関銃」「ユニコ」

1982

・中森明菜「スローモーション」でデビュー（5月）
◆ヒット曲／岩崎宏美「聖母たちのララバイ」、あみん「待つわ」、細川たかし「北酒場」
◆デビュー／中森明菜、小泉今日子、早見優、堀ちえみ、石川秀美、シブがき隊

カルチャー

1980

・「ルービックキューブ」「ゲーム & ウオッチ」「ドンジャラ」「チョロQ」が各玩具メーカーから発売されヒット
・原宿歩行者天国で踊る竹の子族がブームに

1981

・なめ猫グッズが人気に
・「ガリガリ君」（赤城乳業）、「雪見だいふく」（ロッテ）発売。ロングセラーに。

1982

・CDプレイヤー（ソニー）発売

事件・出来事

1980

・一億円拾得事件（4月）
・モスクワオリンピック開催（7月）
・イエスの方舟事件（7月）
・ジョン・レノン銃殺事件（12月）

1981

・「ポートピア'81：神戸ポートアイランド博覧会」開幕（3月）
・アメリカ、スペースシャトル「コロンビア」宇宙空間に初飛行（4月）
・イギリスのチャールズ皇太子とダイアナ妃が結婚（7月）
・ロス疑惑の始まりとなる銃撃事件（11月）

1982

・ホテルニュージャパン火災発生（2月）
・500円硬貨発行（4月）
・第一次中曽根内閣発足（11月）

※ヒット曲には一部前年発売曲も含みます。

1983

◆テレビ番組／「笑っていいとも!」
◆アニメ／「魔法のプリンセス　ミンキーモモ」「あさりちゃん」「ときめきトゥナイト」
◆雑誌／「Olive」（マガジンハウス）、「Lemon」（学習研究社）創刊
◆漫画／「ときめきトゥナイト」（集英社「りぼん」）連載スタート　◆映画／「E.T.」
◆ヒット曲／杏里「キャッツアイ」、わらべ「めだかの兄妹」、ラッツ&スター「め組のひと」、ヒロシ&キーボー「3年目の浮気」
◆デビュー／C-C-B、チェッカーズ、尾崎豊
◆テレビ番組／「オールナイトフジ」、ドラマ「おしん」「積み木くずし」「スチュワーデス物語」
◆アニメ／「みゆき」「キン肉マン」「魔法の天使　クリィミーマミ」
◆映画／原田知世主演「時をかける少女」「南極物語」

・「ファミリーコンピュータ」（任天堂）が一大ブームとなる
・「キン肉マン消しゴム」（バンダイ）発売

・東京ディズニーランド開園（4月）
・戸塚ヨットスクール事件（5月）
・ロッキード事件で田中角栄元首相に実刑判決（10月）

1984

・女子プロレスラー「クラッシュ・ギャルズ」結成（8月）。女子プロがブームに
・都はるみ引退（12月）
◆ヒット曲／安全地帯「ワインレッドの心」、チェッカーズ「涙のリクエスト」、アルフィー「星空のディスタンス」、中原めいこ「君たちキウイ・パパイア・マンゴーだね。」
◆デビュー／吉川晃司、荻野目洋子、岡田有希子、菊池桃子、一世風靡セピア、少女隊
◆テレビ番組／ドラマ「スクール☆ウォーズ」
◆アニメ／「Gu-Guガンモ」「北斗の拳」「とんがり帽子のメモル」
◆映画／「風の谷のナウシカ」「グレムリン」

・携帯用CDプレーヤー（ソニー）発売
・高級ディスコ「MAHARAJA TOKYO」が東京・麻布十番にオープン

・グリコ・森永事件（3月）
・ロサンゼルスオリンピック開催（7月）

1985

・松田聖子、郷ひろみと破局会見（1月）。その後、神田正輝と結婚（6月）
◆ヒット曲／中森明菜「ミ・アモーレ」、菊池桃子「卒業」、中村あゆみ「翼の折れたエンジェル」
◆デビュー／少年隊、斉藤由貴、本田美奈子、浅香唯、中山美穂、南野陽子、中村繁之、おニャン子クラブ、渡辺美里、米米CLUB
◆テレビ番組／「天才・たけしの元気が出るテレビ!!」「夕やけニャンニャン」、ドラマ「毎度おさわがせします」「スケバン刑事」
◆アニメ／「小公女セーラ」「タッチ」「ハイスクール！奇面組」
◆映画／「CHECKERS IN TAN TAN たぬき」「バック・トゥ・ザ・フューチャー」

・「ビックリマンチョコ」（ロッテ）のおまけシールが社会現象に
・「シルバニアファミリー」（エポック社）発売
・NTTが移動電話「ショルダーホン」発売

・「科学万博　つくば'85」開幕（3月）
・日本航空123便墜落事故（8月）

1986

・渡辺美里 西武スタジアムライブスタート（8月）
◆ヒット曲／荻野目洋子「ダンシング・ヒーロー」、石井明美「CHA-CHA-CHA」、国生さゆり with おニャン子クラブ「バレンタイン・キッス」、少年隊「仮面舞踏会」、レベッカ「フレンズ」、テレサ・テン「時の流れに身をまかせ」
◆デビュー／息っ子クラブ、山瀬まみ、中山秀征
◆テレビ番組／「ミュージックステーション」、ドラマ「あぶない刑事」
◆アニメ／「めぞん一刻」 ◆映画／「子猫物語」

・レンズ付きフィルム「写ルンです」（富士フイルム）発売
・ボディコンが流行
・バブル景気起こる

・男女雇用機会均等法が施行（4月）
・イギリスのチャールズ皇太子とダイアナ妃が来日（5月）
・フライデー襲撃事件（12月）

1987

・工藤静香ソロデビュー（8月）、おニャン子クラブ解散（9月）
・光GENJI「STAR LIGHT」でデビュー。その人気は社会現象に（8月）
◆ヒット曲／中森明菜「TANGO NOIR」、吉幾三「雪國」、徳永英明「輝きながら…」、TM NETWORK「Get Wild」、近藤真彦「愚か者」
◆デビュー／後藤久美子、酒井法子、光GENJI、高橋良明、森高千里
◆テレビ番組／「ねるとん紅鯨団」、ドラマ「ママはアイドル！」「パパはニュースキャスター」
◆本／村上春樹『ノルウェイの森』、俵万智『サラダ記念日』 ◆映画／「ハチ公物語」

・週休二日の企業が増えたことにより「花キン」が流行語に
・マイケル・ジャクソン、後楽園球場で来日コンサート開催

・国鉄民営化、JR発足（4月）
・竹下登内閣誕生（11月）
・大韓航空機事件（11月）

1988

◆ヒット曲／光GENJI「ガラスの十代」「パラダイス銀河」、森川由加里「SHOW ME」、島倉千代子「人生いろいろ」、氷室京介「ANGEL」、田原俊彦「抱きしめて TONIGHT」
◆デビュー／男闘呼組、WINK、CHA-CHA、西田ひかる
◆映画／「となりのトトロ」「花のあすか組！」「ぼくらの七日間戦争」

・絵本『ちびくろサンボ』が一時絶版に
・ファミコンソフト「ドラゴンクエストⅢ」が発売され「ドラクエ狩り」が起こるほどの人気に

・東京ドーム開業（3月）
・青函トンネル開業（3月）
・リクルート疑惑（6月）
・ソウルオリンピック開催（9月）

1989

・美空ひばり死去（6月）
・JUN SKY WALKER(S)、THE BOOM、THE BLUE HEARTS、GO-BANG'S、JITTERIN'JINN、たま、ユニコーンらによるバンドブーム
◆ヒット曲／WINK「淋しい熱帯魚」、長渕剛「とんぼ」、プリンセスプリンセス「ダイアモンド」、美空ひばり「川の流れのように」
◆デビュー／宮沢りえ、CoCo、ribbon、吉田栄作、田村英里子
◆テレビ番組／「いかすバンド天国」 ◆アニメ／「アイドル伝説えり子」
◆本／吉本ばなな『TUGUMI』 ◆映画／「魔女の宅急便」

・「ゲームボーイ」（任天堂）発売

・昭和天皇崩御。元号が昭和から平成に（1月）
・消費税3％スタート（4月）
・ベルリンの壁崩壊（11月）

おわりに

最後までお読みいただき、ありがとうございました！　華麗なるジャパニーズ80年代ガーリー広告の世界、いかがだったでしょうか。80年代の少女向けの商品は、漫画、アニメ、アート、ファッションなどあらゆるガーリーカルチャーの要素が当時の商品プロデュースに影響を及ぼしていました。その広告も、1枚のビジュアルで瞬時に少女の心をつかむような、かわいらしく素敵なアートワークばかり。私も当時いろいろな広告に心を奪われ、商品に恋をしてしまった一人でした。その一方で、「なんだ、これは!?」とツッコミたくなるようなマユツバ的な商品やサービスの広告が見られたのも、カオスな80年代ならではのお茶目な側面だったと思います。

今回の本では、本当はもっと載せたい広告がたくさんあったのですが、諸事情で載せられないものが多くありました。そんな昨今の厳しい権利許諾事情の中でも快く掲載を許可してくださったり、取材にご協力いただいた企業様には心から感謝しております。また、今回は一部の文献を少女漫画専門図書館である少女まんが館様、雑誌「マイバースデイ」を編集されていた説話社様にお借りすることができました。この場をお借りして、ありがとうございました！　非力な私を助けてくださった制作スタッフの皆様、読者の皆様や家族にも心から感謝しています！　これからも、素敵なガーリー広告とともに過ごした青春の日々を忘れずに生きていきましょう♡

昭和的ガーリー文化研究所
ゆかしなもん

ステレオテニス・画

ゆかしなもん

1975年愛知県生まれ。文具、玩具、漫画、アイドル、映画、音楽など 1970 ～ 80 年代の昭和ガーリーカルチャーを懐古＆発信する「昭和的ガーリー文化研究所」所長。2010 年より同名の武露愚（ブログ）をスタート。2012 年と 2014 年にイベント「ゆかしなEXPO」開催。2017 年、ヴィレッジヴァンガード限定 80's キャラコラボ商品をプロデュース（うちのタマ知りませんか？、レッツチャット、バイキンクン）。同年、自身の 1500 点を超えるコレクションから選りすぐりのアイテムを展示した「'80s ガーリーコレクション～ "カワイイ" は時間を超える～」（宝塚市立手塚治虫記念館）展監修。共著に、『80's ガールズ大百科』（実業之日本社 ／ 2014 年）、『ファンシーメイト』（ギャンビット ／ 2014 年）、単著に『'80sガーリーデザインコレクション』（小社 ／ 2017 年）がある。
http://lineblog.me/yukacinnamon/

アートディレクション＋デザイン：いすたえこ（NNNNY）、伊藤里織
撮影：弘田 充
編集：大庭久実（グラフィック社）

'80s《エイティーズ》ガーリー雑誌広告《ざっしこうこく》コレクション
2018 年 3 月 25 日　初版第 1 刷発行
2025 年 3 月 25 日　初版第 6 刷発行

著　者　ゆかしなもん
発行者　津田淳子
発行所　株式会社 グラフィック社
〒 102-0073 東京都千代田区九段北 1-14-17
TEL 03-3263-4318　FAX 03-3263-5297
https://www.graphicsha.co.jp

印刷・製本　TOPPANクロレ株式会社

ISBN978-4-7661-3149-9 C0076

資料協力：資生堂企業資料館、MyBirthday 編集部（実業之日本社／説話社）、中野純・大井夏代（少女まんが館）

本書に掲載されている広告の住所連絡先、商品情報は当時のものであり、商品は現在販売されていないものもあります。また、キャンペーンは現在は終了しております。商品についてメーカー、作家、関係者へのお問い合わせはご遠慮下さい。なお、本書の出版にあたり、掲載広告の著作権および肖像権の所有者に可能な限りご連絡を取ることを努めましたが、最終的にご連絡を取ることができなかった権利者の方がいらっしゃいます。不行き届きをお詫びするとともに、情報をお持ちの方がいらっしゃいましたら小社編集部までご一報頂けると幸いです。